Christopher M. Brinkmann,
Tamara Huhle,
Constanze Hundt

Crossmediale Bürgerkommunikation

Empirische Untersuchungen, praktische Befunde.
Crossmediale Bürgerkommunikation
in der Hochschulstadt Mittweida

ISBN (Paperback): 978-3-948345-00-6
ISBN (e-Book) : 978-3-948345-01-3
1. Auflage 2019
Copyright 2019: die jeweiligen Autoren

Layout und Satz: Christopher M. Brinkmann
Umschlag: Christian Greim
Druck und Vervielfältigung: tredition GmbH,
Halenreie 40-44, 22359 Hamburg;
www.tredition.de
Verlag: Hochschulverlag Mittweida
D 09648 Mittweida
Technikumplatz 17
https://verlag.hs-mittweida.de/

Bibliografische Beschreibung:

Tamara Huhle / Constanze Hundt / Christopher M. Brinkmann: Crossmediale Bürgerkommunikation. Empirische Untersuchungen, praktische Befunde. Crossmediale Bürgerkommunikation in der Hochschulstadt Mittweida.Mittweida, Hochschule Mittweida, Fakultät Medien, 2019

Inhaltsverzeichnis

Einstieg crossmediale Bürgerkommunikation – Themen und Kanäle

Von Prof. Dr. Tamara Huhle

Abstract: *Im Projekt „Stadtentwicklung crossmedial – Bürgervisionen für ein Leitbild Mittweida 2030+" wurde 2015/2016 ein gesamtstädtisches Entwicklungskonzept für Mittweida bis ins Jahr 2030 erstellt. Dabei nahm die crossmediale Bürgerbeteiligung einen zentralen Platz ein. Die crossmediale Kommunikation zielte insbesondere auf die Ansprache eines großen Bürgerkreises und die Aktivierung für einen interaktiven Gestaltungsprozess ab. Im Forschungsprojekt „Innovative Ansätze zur Lösung gesellschaftlicher Wandlungsprozesse – Teilprojekt 2 – Crossmediale Medienwirkungsforschung" wurden die Ergebnisse dieser crossmedialen Ansprache von Bürgerinnen und Bürgern auf kommunaler Ebene dokumentiert und ausgewertet. So konnte ein Spektrum von progressiven Ansätzen für neue Möglichkeiten der Kommunikation zwischen Bürgerinnen sowie Bürgern und Stadtverwaltung am Beispiel der Stadt Mittweida untersucht werden. Die Themenfeldauswahl hatte im Prozess eine ebenso große Bedeutung wie die zielgruppenbezogene Kanalauswahl und deren zeitliche, formale und inhaltliche Abstimmung. Die dabei neu entstehenden Kommunikationsstrukturen auf Gemeindeebene stärken die demokratischen Bürgerbeteiligungsprozesse bei kommunalen Entscheidungsfindungen durch Einbindung und Ansprache aller Bürgergruppen in ihrem präferierten Medienrezeptionsumfeld.*

1. Ausgangssituation in der Bürgerbeteiligung in der Stadt Mittweida

Die Stadt Mittweida arbeitet bereits seit längerem auf unterschiedlichen formellen und informellen planerischen Ebenen an ihrer nachhaltigen Stadtentwicklung. Dabei wurde vor allem der seit Ende der 1990er-Jahre betriebene Stadtumbauprozess, zum Beispiel der Stadtumbau Ost, der städtebauliche Denkmalschutz und die städtebaulichen Sanierungsmaßnahmen, durch „klassische" Bürgerbeteiligungsverfahren, insbesondere Einwohnerversammlungen, Bekanntgaben im Amtsblatt und Pressegespräche von Bürgermeister und Medienvertretern begleitet. Die Erfahrungen aus der bisherigen Zusammenarbeit mit den Bürgerinnen und Bürgern zeigen, dass nur ein kleiner Kreis von Personen aktiviert werden konnte, der an konzeptionellen, langfristigen Fragen interessiert war. Nur ein kleiner Teil der Stadtbevölkerung trug so zur Entwicklung von Mittweida und der Region bei. Mit einer Einwohnerzahl von Dezember 2016 Mittweida 14.966, Altmittweida 1.924 (vgl. Stadtverwaltung Mittweida b) gehört die Stadt eher zu Kleinstädten und wies in Projekten der Vergangenheit (z. B. SMART City) einen aktiv mitgestaltenden Kern von ca. 100 bis 150 Bürgern und Bürgerinnen auf.

Messungen zur Bürgerbeteiligung wurden dazu in der Vergangenheit seitens der Kommunalverwaltung nicht erstellt. Für eine zukünftig erfolgreiche gesamtstädtische Weiterentwicklung von Mittweida ist es allerdings notwendig, einen breiteren Bürgerkreis anzusprechen und in die Gestaltungsprozesse der Stadt einzubinden. Im Projekt „Stadtentwicklung crossmedial – Bürgervisionen für ein Leitbild Mittweida 2030+" werden daher innovative Möglichkeiten für die Aktivierung unterschiedlicher Zielgruppen durch einen progressiven Bürgerbeteiligungsprozess unter Einbindung neuer Medien und gezielter crossmedialer Ansprache auf kommunaler Ebne erprobt. Dabei bediente sich die 2015 gegründete Arbeitsgruppe aus drei Wissenschaftlern und zwei Kommunalvertretern erprobter crossmedialer Konzepte aus der Unternehmenskommunikation und untersuchte deren Möglichkeiten in der Bürgerkommunikation.

Die Arbeitsgruppe etablierte neben der fachlichen Erarbeitung von bürgernahen Themen mit Unterstützung der Hochschule Mittweida eine Mediengruppe aus Nachwuchswissenschaftlern und Studierenden, welche die erarbeiteten Themenbereiche crossmedial darstellte und über verschiedene Kanäle kommunizierte.

2. Vorstellung des crossmedialen Ansatzes

Durch die zunehmende Etablierung des Internets seit Mitte der 1990er-Jahre haben sich Kommunikation und Informationskultur stark geändert. Die Allgegenwärtigkeit des Internets ermöglicht es den Nutzern, die neusten Informationen überall und jederzeit abzurufen. Mit dieser Entwicklung änderten sich auch die Wege, auf denen die Bürgerinnen und Bürger von politischen Themen erfahren und über sie diskutieren.

Allerdings sind nicht alle Bürgerinnen und Bürger digital vernetzt. Allgemein wird angenommen, dass gerade ältere Menschen nach wie vor eher klassische Medien bevorzugen. Nur die Möglichkeit zur Onlinebeteiligung anzubieten würde von daher einen Teil der Bürgerschaft von der Mitgestaltung politischer Prozesse ausschließen. Da auch öffentliche Stadtratsversammlungen oder die klassische Bürgerversammlung nur noch bei als besonders dringlich empfundenen Themen Publikum anziehen, empfiehlt es sich für eine bessere Ansprache der Bürgerinnen und Bürger, vielfältige Medien- und Eventangebote in einer Kombination aus klassischen und interaktiven Medien zu schaffen. Crossmediale Kommunikation bietet für die Bewältigung einer derartigen Herausforderung eine gute Voraussetzung. Durch eine formale, zeitliche und inhaltlich vernetzte Ansprache über klassische Medien und bewährte Plattformen wie Zeitung, Radio oder Live-Kommunikation auf den Zeitgeist angepassten Einwohnerversammlungen in Verbindung mit der Bedienung von digitalen Medien und Social Networks können alle Bürgerinnen und Bürger zielgruppenspezifisch in ihrem jeweiligen gewohnten Mediennutzungsumfeld angesprochen und zur Beteiligung an politischen Gestaltungsprozessen motiviert werden und es kann ein intensiveres Feedback generiert werden.

Um den Bürgerinnen und Bürgern die Beteiligung an den Entwicklungen ihrer Stadt auch zu ermöglichen und sie zur Teilnahme an den politischen Gestaltungsprozessen zu motivieren, braucht es aber auch einen Wandel von der reinen Informationskultur zur ganzheitlichen Feedbackgesellschaft. Diesen Struktur- und Kulturwandel möchte Mittweida nun fördern und ruft im Rahmen des Bundeswettbewerbs „Zukunftsstadt" alle Bürgerinnen und Bürger Mittweidas dazu auf, an einem Leitbild eines gesamtstädtischen Konzepts für die Stadtentwicklung bis ins Jahr 2030 mitzuwirken.

3. Vorstellung der crossmedialen Kanäle

Vor Beginn der Kampagne im Sommer 2015 wurde ein zentrales Leitbild erarbeitet. Ein solches abgestimmtes Leitbild ist gerade für crossmediale Kampagnen von großer Bedeutung, da erfolgreiche crossmediale Kommunikation auf der Etablierung eines in allen bedienten Kanälen gleichen und wiederkehrenden Leitgedanken beruht. Für die Kampagne Zukunftsstadt Mittweida wurde festgesetzt, mit den Bürgerinnen und Bürgern ins Gespräch zu kommen, die Bürgerinnen und Bürger zur Identifikation mit ihrem Mittweida 2030 zu motivieren und ein gemeinsames Leitbild für die zukünftige Entwicklung von Mittweida zu gestalten.

Im Mai 2015 wurde die Facebook-Seite gestartet. Zunächst wurden allgemeine Informationen zum kommenden Projekt veröffentlicht. Im August 2015 begann das Redaktionsteam schließlich mit einem auf die crossmediale Kampagne abgestimmten Redaktionsplan, mit den Bürgerinnen und Bürgern ihre Zukunftsideen zu entwickeln. Der Social-Media-Kanal Facebook hatte so von Beginn an die Funktion, Mittweidaer Bürgerinnen und Bürger gezielt zu Meinungsäußerungen und zum Einbringen konstruktiver Ideen zu Themen des Stadtgeschehens zu motivieren. Durch das Format „Mittweidamacher", das ab Herbst in Kombination mit der neu entstandenen Webseite **www.zukunftsstadt-mittweida.de** angeboten wurde, wurden zudem engagierte Frauen und Männer aus der Stadt sichtbar. Dabei bekommen die Bürgerinnen und Bürger nicht nur einen Einblick in die persönlichen Beweggründe der vorgestellten Person, sondern erfahren auch von ihrem Engagement für ein modernes Mittweida sowie von vielfältigen Meinungen zu einer lebenswerten Stadt im Jahr 2030.

Ab September bzw. Dezember 2015 wurden in zwei Zeiträumen sogenannte „Zukunftsboxen" in Geschäften, Verwaltungs-, Bildungs- und sozialen Einrichtungen in Mittweida aufgestellt. Anhand von City-Cards wurde den Bürgerinnen und Bürgern die Möglichkeit gegeben, auch unabhängig von Facebook ihre Meinungen und Ideen zeitunabhängig zu äußern. Die Feedback-Angebote wurden dann mit den beiden Zukunftsforen im November 2015 und im Januar 2016 abgerundet.

Beim ersten Termin wurden in Workshops grundlegende Wünsche und Vorstellungen zu den zahlreichen Stadtthemen wie Wirtschaft, soziales Miteinander und Kultur abgeholt, das anschließende Podium wurde im modernsten Fernsehstudio einer europäischen Fachhochschule aufgezeichnet und live via Webstream und Radio übertragen. Das zweite Zukunftsforum suchte einen stärkeren persönlichen Kontakt und veranstaltete an vier verschiedenen Standorten in Innenstadtlage Vorträge und Workshops, bei denen die vorliegenden Ideen aus der ersten Veranstaltung konkretisiert wurden. Da auch bewusst Familien im Projekt angesprochen werden, war die Möglichkeit einer Kinderbetreuung während der Veranstaltung gegeben.

1   **Workshop 1** Sonderbuch-Verkauf | Rochlitzer Straße 48

2   **Workshop 2** Begegnungsstätte „1865" | Rochlitzer Straße 68

3   **Workshop 3** Informationszentrum T9 | Technikumplatz 9

Abb. 1: *Übersicht Lage Workshops 2. Zukunftsforum, eigene Darstellung*

Neben den City-Cards, die in Läden und öffentlichen Einrichtungen der Stadt auslagen, waren an den Zukunftsboxen (beklebte Pappboxen zum Einwerfen der City-Cards) die Einladungen respektive Anmeldekarten für das jeweilige Zukunftsforum angebracht. So war neben einer Anmeldung zum Event auf der Website der Kampagne auch die Registrierung über die Zukunftsboxen möglich.

Beide Events begleiteten Bachelor- und Masterstudierende der Hochschule Mittweida mit einer Umfrage im Hinblick auf die crossmediale Medienwirksamkeit. Von Dezember 2015 bis März 2016 fanden mehrere Aktionen für Bürgerinnen und Bürger in Kitas und

Schulen statt, die ihren Abschluss im Vergraben einer Zeitkapsel für das Jahr 2030 in der Kita „Auenzwerge" fanden.

Abb. 2: *Zukunftsboxenübergabe in der Stadtinformation*

Parallel zu den zentralen Kanälen Social Media (hier Facebook), Webseite und Events, die aufeinander verwiesen, fand eine kontinuierliche und enge Zusammenarbeit mit den lokalen Medien statt. Neben der klassischen Presseinformation in der Tageszeitung „Freie Presse" und der Anzeigenwochenzeitung „Wochenendspiegel" gelang eine Kooperation mit 99drei Radio Mittweida, bei der die Bürgerinnen und Bürger Orte ihrer Stadt neu kennenlernen sollten. Durch akustische Ratespiele und Informationsbeiträge wurden Bürgerinnen und Bürger auch auf diesem lokalen Kanal angesprochen. Für die städtische Informationsvermittlung ist zudem das Amtsblatt ein lokal bekanntes Medium. Daher wurde die Kampagne auch mit einem Artikel in dem Stadtanzeiger von Mittweida vorgestellt und die Zukunftsforen im monatlichen Eventkalender des Amtsblattes erwähnt. In einer ersten Aktion wurde des Weiteren in der Oktoberausgabe 2015 des Amtsblattes ein Flyer beigelegt, auf dem die Kampagne Zukunftsstadt Mittweida mit weiteren Informationen vorgestellt wurde. Auf dem abtrennbaren Teil des Flyers konnten die Bürgerinnen und Bürger bereits erste Vorschläge zur Entwicklung von Mittweida bis ins Jahr 2030 aufschreiben und per Post an die

Stadtverwaltung oder über den Einwurf in eine Zukunftsbox an die Organisatoren der Kampagne Zukunftsstadt Mittweida senden. Eine Übersicht über die erreichten Kontakte mit den Bürgerinnen und Bürgern wird im Kapitel „Die Ergebnisse der (Bürger-) Beteiligung" dargestellt.

4. Crossmediale Verknüpfung der Kanäle

„Crossmedialität" bedeutet nicht nur, dass verschiedene Kanäle inhaltlich, zeitlich und formal miteinander verknüpft werden. Es geht bei diesem aus der Werbung bekannten Konzept auch nicht primär darum, verschiedene Medienformen kreuz und quer oder parallel und in großer Anzahl anzubieten, sondern durch einen Leitgedanken miteinander zu verknüpfen und so die Mediennutzer zu verschiedenen Zeiten, an verschiedenen Orten und mit unterschiedlichen Motivationen mit einem übergeordneten Ziel zu erreichen. Zudem bietet eine gute crossmediale Kommunikation den angesprochenen Rezipienten eine Interaktionsmöglichkeit und schafft damit das Potenzial für einen konstruktiven Dialog. Nach Mahrdt gibt es klare Kriterien für die Crossmedialität von Kampagnen:

- Kriterium 1: Durchgängige Leitidee
- Kriterium 2: Geeignete Medienwahl
- Kriterium 3: Integration der Kommunikationsmittel
- Kriterium 4: Redaktionelle und zeitliche Vernetzung sowie Hinweisführung
- Kriterium 5: Interaktionsmöglichkeiten und Aktivierung
- Kriterium 6: Multisensorische Ansprache
- Kriterium 7: Zielmedium, Konvergenz und CRM-Potenzial
- Kriterium 8: Mehrwert und Nutzwert für den Verbraucher (vgl. Mahrdt 2009)

Im Falle der „Zukunftsstadt Mittweida" war es das Ziel, mit den Bürgerinnen und Bürgern ins Gespräch zu kommen, ihre Geschichten aufzugreifen und zu erzählen und daraus gemeinsam ein einheitliches Leitbild für die Stadt bis ins Jahr 2030 zu entwickeln. Zentral waren dabei insbesondere der Social-Media-Kanal Facebook, die offizielle Website der Kampagne und die Live-Kommunikation auf den Zukunftsforen, zu denen in der Auswertung festgestellt werden konnte, dass diese das unmittelbarste und eindeutigste Feedback boten. Die Kanäle sind so verbunden, dass der Leitgedanke „Wir planen gemeinsam ein Leitbild für ein Mittweida der Zukunft" überall deutlich in Erscheinung tritt und zur übergreifenden Nutzung angeregt wird. So erhalten die Artikel auf der Webseite das Gros ihrer Klicks über die Facebook-Seite. Die Anmeldung zu den Zukunftsforen war sowohl via gedruckte Einladung als auch über die Website möglich. Auf Facebook, bei Radio 99drei Mittweida sowie in der Presse wurden die Veranstaltungen angekündigt und die zentralen Themen dieser bereits im Vorfeld besprochen. Die Bewegtbildinhalte wurden auf Facebook und der Webseite geteilt und bei den Live-Events gezeigt. Da die Karten aus den Zukunftsboxen anonym eingereicht wurden, konnten auch diese mit den entsprechenden Vorschlägen auf Facebook präsentiert werden und regten mit einer Ausstellung auf den Zukunftsforen zu individuellen Gesprächen an.

Abb. 3: Kanalmatrix der Zukunftsstadt Mittweida, eigene Darstellung

Jeder der in der Kampagne Zukunftsstadt angesprochenen Kanäle ist mit einem anderen verbunden. Die zentralen Kanäle wie Facebook und Events weisen Verknüpfungen zu allen anderen Kanälen auf.

5. Prozess und Ergebnisse der (Bürger-) Beteiligung

Für die Kampagne wurden drei interaktive Kanäle etabliert, die den Bürgerinnen und Bürgern die Möglichkeit gaben, ihre Ideen und Vorstellungen zur Entwicklung von Mittweida bis ins Jahr 2030 zu kommunizieren. Über City-Cards wurden die Bürgerinnen und Bürger nach den Themen, Orten und Möglichkeiten zum Engagement für ein nachhaltiges Mittweida im Jahr 2030 gefragt. Auf Facebook wurde zur aktiven Diskussion von durch ein Redaktionsteam aufbereiteten, Mittweida-eigenen Themen aufgerufen. Im Rahmen der beiden Zukunftsforen wurde in mehreren Workshops das Leitbild für Mittweida 2030 ausgearbeitet. Eine grafische Aufbereitung der Themen und Ergebnisse dieser dynamischen Kommunikation findet sich im Anhang unter den ergänzenden Materialien. Die Abbildungen A 1 und A 2 zeigen hier die in den interaktiven Kanälen City-Cards, Facebook und den beiden Zukunftsforen im Erhebungszeitraum relevanten Themen. In der wissenschaftlichen Auswertung der von den Bürgerinnen und Bürgern genannten Themen wurden Cluster definiert, welche die Ergebnisse messbar machen.

Insgesamt wurden 117 City-Cards ausgefüllt in die Zukunftsboxen geworfen. Auf den beiden Zukunftsforen waren zusammen rund 200 Gäste anwesend. Besonders relevant für die Mittweidaer Bürgerinnen und Bürger sind Themen des sozialen Miteinanders, Kulturangebote, der Verkehrsinfrastruktur, der Wirtschaft und der Beseitigung insbesondere innenstädtischer Missstände wie ein Mangel an Sicherheit, Sauberkeit und zu viel Leerstand.

Das erste Zukunftsforum am 05.11.2015 basierte auf den Ergebnissen der City-Card-Befragungen und den Erkenntnissen aus den geführten Interviews und war inhaltlich sehr breit gefächert. Die ca. 100 Teilnehmer waren aufgerufen, sich in einem selbst gewählten Workshop mit drei zentralen Fragestellungen des Projektes auseinanderzusetzen. Es konnte zwischen den Themenschwerpunkten Soziales, Städtebau und Stadtentwicklung und Wirtschaft gewählt werden.

Im Workshop „Wie wollen wir in Zukunft zusammenleben?" wurde vornehmlich das soziale Miteinander und aus gegebenem Anlass auch der Umgang mit Flüchtlingen thematisiert. Auffällig in den Gesprächen war die durchweg positive Grundstimmung in der Flüchtlingsdebatte. Ein Fokus wurde aber auch auf die Kindererziehung und Jugendarbeit gelegt, die in Zukunft besser ausgebaut werden muss. Dies beginnt bei der Erhöhung der Anzahl von Kindergartenplätzen und des Betreuungspersonals und geht bis zu Schaffung von Freizeitmöglichkeiten für Jugendliche.

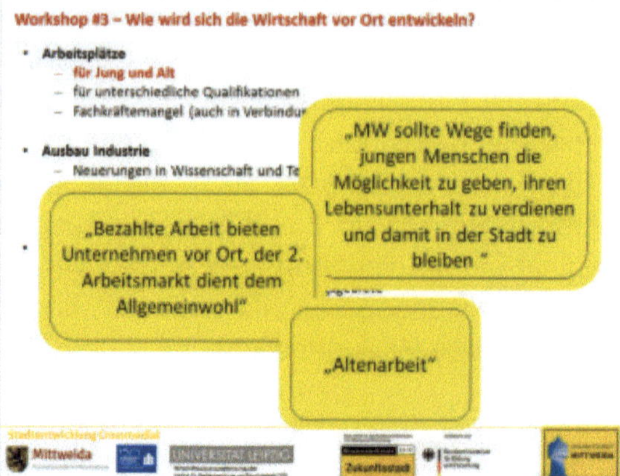

Abb. 4: *O-Töne City-Cards als Einstieg in die Workshops, eigene Darstellung*

Für den (Aus-)Bau von Spielplätzen wurde eine Beschäftigung von Langzeitarbeitslosen vorgeschlagen, um diese wieder besser in die Gesellschaft zu integrieren. Die Fakultät Soziale Arbeit der Hochschule Mittweida wurde hier auch direkt angesprochen, sich mit sozialen Projekten in der Stadt zu engagieren. Im zweiten Workshop mit dem Schwerpunkt Städtebau und Stadtentwicklung gab es mehrere Themen, die angesprochen wurden. Ein Schwerpunkt lag auf der geringen Attraktivität der Innenstadt, die durch viele leerstehende Geschäfte geprägt ist. Hier wurde der Wunsch nach mehr Einzelhandel und Gastronomie laut. Für ein tragfähiges Konzept in diesem Bereich müssen jedoch grundlegende Voraussetzungen, beispielsweise durch eine Lockerung der dichten Bebauung, geschaffen werden. Ein weiterer Wunsch ist die Erarbeitung eines Radwegekonzeptes über die Stadtgrenzen hinaus, um sowohl Chemnitz als nächstgelegene Großstadt, aber auch die Talsperre Kriebstein als wichtiges Naherholungsgebiet in unmittelbarer Umgebung gut erreichen zu können. Die Talsperre sollte auch mehr und besser vermarktet werden, um deren touristisches Potenzial ausschöpfen zu können. Die Bildung eines Gründerzentrums und damit die Unterstützung von Gründungswilligen war Schwerpunkt des wirtschaftlich geprägten dritten Workshops. Damit könnte die Wirtschaft „von unten" entwickelt und gestärkt werden. Auch in diesem Workshop wurde die problematische Situation des innerstädtischen Einzelhandels kurz thematisiert. Als großes wirtschaftliches Potenzial wurde

16

das Laserinstitut der Hochschule Mittweida angeführt, welches auch überregional bekannt und anerkannt ist. Dieser Bekanntheitsgrad kann für eine Entwicklung der Lasertechnik am Standort Mittweida genutzt werden, um Unternehmen in diesem Bereich in der Region ansiedeln zu können.

Zum Ende der Workshops waren die Teilnehmer aufgefordert, ihre Ideen und Ansätze auf Stadtplänen zu verorten, sodass eine erste Identifizierung von Schwerpunkträumen erfolgen konnte.

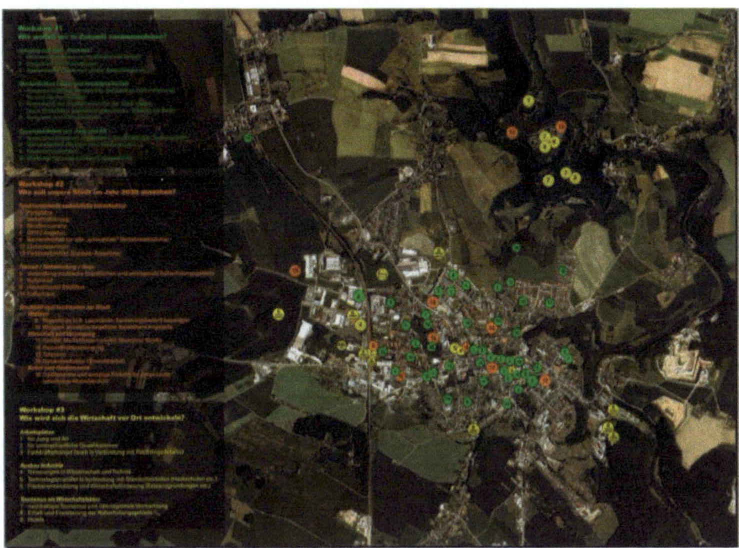

Abb. 5: *Verortung, eigene Darstellung*

In der abschließenden Podiumsdiskussion des ersten Zukunftsforums wurden wesentliche Erkenntnisse aus den Workshops aufgegriffen und mit geladenen Schlüsselakteuren kritisch diskutiert. Während des Podiums bestand die Möglichkeit für Bürgerinnen und Bürger, Fragen direkt über Facebook oder 99drei Radio Mittweida an die Experten zu stellen. Ca. 600 Personen haben die Podiumsdiskussion live verfolgt.

Für das zweite Zukunftsforum am 25.01.2016 wurden aufbauend auf den Ergebnissen des ersten Forums und weiterer Interviews neue thematische Schwerpunkte für die Workshops gesetzt und zwar in die Themen Gründerklima, nachhaltige Infrastruktur und

Bürgerinnen und Bürger ins Zentrum. Die Eröffnungsveranstaltung erfolgte im großen Saal des Mittweidaer Kinos. Hier wurden von externen Referenten gute Beispiele wie „Guten Morgen Eberswalde" und die Gründerinitiative der IHK Gera vorgestellt. Wie die Diskussion der wiederum ca. 100 Teilnehmer in den darauf folgenden Workshops zeigte, hatten diese Input-Vorträge durchaus Einfluss auf die Diskussionen.

Im Gründerklima-Workshop wurde schon sehr konkret diskutiert und einige gute Ideen vorgeschlagen. Beispielsweise könnte das bereits dagewesene „Gründerhandbuch" wieder neu aufgelegt werden, um Neugründern den Weg in die Selbstständigkeit zu erleichtern. Weiterhin soll ein Gründernetzwerk aufgebaut werden, welches sich bei regelmäßigen Stammtischen trifft, um informelle Grundlagen für Gründer zu erarbeiten und diesen damit beratend zur Seite zu stehen. Der Workshop für nachhaltige Infrastruktur war indes sehr breit gefächert. Hinsichtlich kultureller Infrastruktur wurde wieder der Wunsch nach einer Kulturstätte mit multifunktionalem Charakter geäußert. Auch die bessere Vermarktung der nahegelegenen Talsperre und der Ausbau von Wander-/Fahrradwegen und Freizeitmöglichkeiten kamen zur Sprache. Beim Thema Mobilität gab es unterschiedliche Anregungen, die von einer Verkehrsberuhigung außerhalb der Hauptverkehrsstraßen über eine bessere Taktung des ÖPNV bis hin zum autonomen Fahren reichte. Ein besserer Ausbau bei Telekommunikation/Internet und freies WLAN in der Innenstadt waren Wünsche bei der digitalen Infrastruktur. Die zum Teil schon ziemlich konkreten Ideen wurden zunächst in die Stadtverwaltung mitgenommen. Die Visionen bei „Bürgerinnen und Bürger ins Zentrum" wurden in zwei große Themenbereiche unterteilt. Hinsichtlich Kultur, Gastronomie und Einzelhandel waren sich die Workshop-Teilnehmer einig, dass mehr Angebote geschaffen werden müssen. Hier wurde auch wieder das Eberswalder Modell als Vorbild aus dem Input-Vortrag zu Beginn des Forums vorgeschlagen, um regelmäßig Veranstaltungen für Jung und Alt in der Stadt anzubieten. Der zweite große Themenblock war das Zusammenleben von Jung und Alt, was gerade in Mittweida durch das Aufeinandertreffen der Studenten mit den alteingesessenen Bürgerinnen und Bürgern nicht immer einfach erscheint. Der Wunsch nach Möglichkeiten für Mehrgenerationen-Wohnen wurde hier sehr oft genannt. Auch eine Familien-Börse wurde vorgeschlagen, in der sich die Bürger und Bürgerinnen gegenseitig unterstützen können und damit den sozialen Zusammenhalt stärken. Gerade solche Ideen sind ohne großen Aufwand umsetzbar. In den ergänzenden Materialien findet sich mit der Abbildung A 3 eine Übersicht zu den Schlüsselthemen.

6. Fazit der crossmedialen Kommunikation

Durch die crossmediale Konzeption konnten auf verschiedensten Kanälen Bürgerinnen und Bürger aus der Stadt angesprochen werden. Über die Gesamtlaufzeit von Juni 2015 bis März 2016 hinweg konnten so rund 253.865 auf Facebook und 207.144 Bürgerkontakte unterschiedlicher Intensität über die Berichterstattung im Lokalteil Mittweida der Freien Presse hergestellt werden. Die Berechnung der Bürgerkontakte beruht auf den von der Freien Presse veröffentlichten Mediadaten. Die im Oktober 2015 gestartete Website des Projektes wurde 5.191 Mal aufgerufen. Derzeit erreicht die Facebook-Seite wöchentlich rund 4.000 bis 5.000 Menschen, teilweise aber auch bis zu 10.000 Nutzer, mehrheitlich aus Mittweida. Die Reichweite der Plakate und der City-Cards lässt sich durch die Anonymität der Kontakte nicht ermitteln. Allerdings zeigen die 117 in die Zukunftsboxen eingeworfenen City-Cards, die zahlreichen Facebook-Kommentare und die rund 200 Zukunftsforum-Gäste deutlich, dass die Mittweidaer die Möglichkeiten zur Meinungsäußerung aktiv genutzt haben. Was in der Kampagne immer wieder wahrzunehmen war, ist, dass die Bürgerinnen und Bürger trotz der Einbindung moderner Kommunikationskanäle in Mittweida weiterhin die persönliche Kommunikation bevorzugten. Insbesondere die innovativen Bürgerversammlungen der Zukunftsforen waren gut besucht und von einer sehr konstruktiven Atmosphäre geprägt. Wichtig für den Erfolg einer guten Kommunikation mit den Bürgerinnen und Bürgern und für die Aktivierung zur Teilnahme ist demnach eine direkte Ansprache der Stadtbewohner. Für die crossmediale Kommunikation auf kommunaler Ebene ist es deshalb unerlässlich, einen zentralen Feedbackkanal in Einwohnerversammlungen oder Einwohnerbesprechungen zu etablieren. Das Konzept des Zukunftsforums Mittweida greift diesen Gedanken bereits auf und trägt ihn weiter. So fand bei den beiden bisherigen Zukunftsforen eine Eventisierung des Konzeptes der klassischen Einwohnerversammlungen statt, was die Zukunftsforen zu einem kulturellen Höhepunkt für Mittweida machte, eine höhere Aktivierung zur konstruktiven Teilnahme bei den Bürgen erreichte und schließlich, durch die geführten Gespräche, Potenzial für neue Netzwerke schaffte.

Ebenso war auch zu beobachten, dass die Bekanntheit der Zukunftsstadt zügig anwuchs. So konnte wahrgenommen werden, dass bei den ersten Redaktionsterminen mit „Mittweidamachern" das Konzept der Kampagne zunächst noch erklärt werden musste. Bei späteren Interviews war dies nicht mehr nötig. Außerdem stieg die Bereitschaft der Bürgerinnen und Bürger, sich selbst in die Öffentlichkeit für die Kampagne zu begeben, spürbar. Häufig wurde erwähnt, dass durch die Zukunftsforen und auch die Porträts neue Netzwerke entstanden und mit Interesse die vielen Aktivitäten der Mitbürgerinnen und Mitbürger wahrgenommen wurden. Im Ergebnis des 2. Zukunftsforums entstanden so auch bürgerliche Arbeitsgruppen, die bestimmte Themen wie Industrie in Zukunft mitgestalten möchten. Ein Einfluss auf die Gewichtung der Themen durch die lokalen Medien konnte ebenso wahrgenommen werden, da diese als Gäste der Zukunftsforen einen direkten Einblick in die Bedürfnisse ihrer potenziellen Leser, Hörer und Nutzer bekamen. Nicht zuletzt ist

Literaturverzeichnis

[1] Besson, Nanette Aimée [Hrsg.]: Strategische PR-Evaluation. Erfassung, Bewertung und Kontrolle von Öffentlichkeitsarbeit, 3. überarbeitete und erweiterte Auflage, 2008, Wiesbaden

[2] Mahrdt, Niklas [Hrsg.]: Crossmedia. Werbekampagnen erfolgreich planen und umsetzen, 2009, Wiesbaden

[3] Mikros, Lothar / Wegener, Claudia [Hrsg.]: Qualitative Medienforschung. Ein Handbuch, 2005, Stuttgart

[4] Schweiger, Wolfgang / Fahr, Andreas [Hrsg.]: Handbuch der Medienwirkungsforschung, 2013, Wiesbaden

Online-Ressourcen

[1] Bundesministerium für Bildung und Forschung – Projektgruppe Wissenschaftsjahr 2015 [Hrsg.]: Webseite des Wissenschaftsjahr 2015 – Zukunftsstadt, http://www.wettbewerb-zukunftsstadt.de (Letzter Zugriff 03 April 2018)

[2] Bundesministerium für Bildung und Forschung [Hrsg.]: Webseite des BMBF, https://www.bmbf.de (Letzter Zugriff 03 April 2018)

[3] Facebook-Seite der Initiative "Zukunftsstadt Mittweida" [Hrsg.]:

Website der Zukunftsstadt Mittweida, http://www.zukunftsstadt-mittweida.de (Letzter Zugriff 03 April 2018)

[4] Stadtverwaltung Mittweida [Hrsg.]: Facebook-Seite der Zukunftsstadt Mittweida, https://www.facebook.com/ZukunftsstadtMW (Letzter Zugriff 03. April 2018)

[4b] Stadtverwaltung Mittweida [Hrsg.]: Mittweida in Zahlen https://www.mittweida.de/stadt-erkunden/mittweida-in-zahlen/ Zugriff 03. April 2018)

Crossmediale Dialogkommunikation – Wege und Möglichkeiten

Von Christopher M. Brinkmann

Abstract: *In dem folgenden Kapitel findet eine Betrachtung der Möglichkeiten einer crossmedialen Dialogkommunikation in Kommunen am Beispiel der Hochschulstadt Mittweida statt. Es wird untersucht, wie Kommunen über eine vernetzte, interaktive, multisensorische sowie formal, inhaltlich und zeitlich integrierte Kommunikation ihre Bürgerinnen und Bürger informieren und diese zu einem Dialog über lokale Themen der Stadtentwicklung motivieren können. Dabei wird die Frage verfolgt, mit welchem Fokus Bürgerinnen und Bürger im Rahmen eines solchen Dialoges kommunizieren. Datengrundlage für die Untersuchungen bilden Beobachtungen in den Kanälen der Zukunftsstadt Mittweida. Die Ergebnisse zeigen, dass in einer crossmedialen Kommunikation in Kommunen Wissen eine wichtige Rolle spielt und sich in den verschiedenen lokalen Medienkanälen Synergien entwickeln, die den Kommunikationserfolg mit den Bürgern stützen.*

1. Kommunikationswandel durch Digitalisierung

Durch das Internet und die Etablierung der sozialen Netzwerke hat sich die Kommunikations- und Informationskultur stark geändert. Durch die Ubiquität von Online-Medien können die neusten Informationen überall und jederzeit abgerufen werden. Damit änderte sich auch das klassische Modell der Sender- und Empfänger-Relation. Gerade durch die sozialen Netzwerke kann jeder Nutzer online zum Sender eigener Informationen und Meinungen werden. Der vormals passive Rezipient scheint durch diese neuen Möglichkeiten zum aktiven Prosumenten zu werden, der neben dem Konsum von Medieninhalten an eigenem Content mitwirkt (vgl. Ritzer, Jurgenson 2015).

2. Dialogische Ansprache in der modernen Kommunikation

In der Wirtschaft ist es bereits länger etabliert, in einen Austausch mit den Kundinnen und Kunden zu treten. Wurde dabei in der Vergangenheit auf Direktmarketing gesetzt, prägt in den letzten Jahren nun das Dialogmarketing den Kundenkontakt. Zwar scheinen Direkt- und Dialogmarketing auf gleiche Ziele ausgerichtet, sodass die Begriffe als Synonyme gelten könnten. Jedoch lassen sich auch spezifische Unterschiede feststellen. Während das Dialogmarketing „[...] auf den langfristigen Dialog mit der Zielperson, also mit dem Kunden oder Interessenten" setzt, zielt das Direktmarketing auf eine einfache Response der Kundinnen und Kunden (Holland 2014: S. 6). Somit ist das Dialogmarketing auf eine längerfristige und nachhaltige Interaktion ausgerichtet. Mit dem angestrebten Dialog soll eine „partnerschaftliche Beziehung" zwischen Unternehmen und seiner Kundschaft aufgebaut werden (ebd.). So sollen dauerhaft „[...] individuell bekannte einzelne Person[en] [...] mit den Medien des Dialogmarketings oder mit klassischen Medien[...]" (Holland 2014: S. 7) erreicht werden. Dabei kommen Medien zum Einsatz, die „[...] eine Response-Möglichkeit enthalten und zur Reaktion aufrufen" (ebd.). Durch den Kontakt zu kleinen Teilgruppen der Kundschaft „[...] senkt der Anwender die Streuverluste und erreicht eine individuelle, sehr effiziente Kundenbetreuung" (ebd.).

Mit der Entwicklung hin zu einer Bürgerkommune, in der die kommunale Verwaltung und Politik näher an der Bürgerschaft aufgebaut wird (vgl. Bauer, Hajasch 2017), gelten die Bürgerinnen und Bürger zunehmend als Kunden ihrer Gemeinde. So scheint es möglich, die Prozesse der dialogischen Ansprache aus der Wirtschaft auch für eine Zusammenarbeit in das Gemeinwesen zu übernehmen. Jedoch soll die Bürgerschaft im Rahmen dieser Ausführungen nicht als einfache Kunden gelten, um die geworben werden soll. Vielmehr sollen die Bürgerinnen und Bürger als Mitwirkende in politischen und gesellschaftlichen Prozessen gesehen werden. Somit wird aus dem Dialogmarketing eine symmetrische, auf Augenhöhe geführte Dialogkommunikation.

3. Kommunikation in Kommunen

Als meist kleinste formale und staatliche Verwaltungseinheit stellt die lokale Ebene eine der grundlegendsten Organisationseinheiten der Gesellschaft dar. Zudem ist die kommunale Ebene „[...] die Ebene, auf welcher die mündig werdenden Bürgerinnen und Bürger gegenwärtig mit besonderer Ungeduld an die Pforten der Politik pochen" (Klages, Vetter 2013: S. 33). Gefordert wird Transparenz und ein Einbeziehen in kommunale Gestaltungsprozesse. Mit der Verabschiedung von Bürgerhaushalten oder der Schaffung der Stelle eines Bürger- und Partizipationsbeauftragten versuchen einige Gemeinden und Städte bereits, dem Wunsch ihrer Bürgerinnen und Bürger entgegenzukommen (vgl. Masser, Pistoia, Nitzsche 2013; Sippel 2017).

Wie Schneider erkennt: „[...] verfügen (die Bürgerinnen und Bürger) mit dem Internet über einen Medienzugang mit hoher Reichweite und schneller Verbreitungsgeschwindigkeit." (Schneider 2013: S. 27). Durch diesen Kanal, so Schneider, können sich die Bürgerinnen und Bürger in einer vorher unvorstellbaren Art informieren. Damit sinkt auch „der Informationsvorsprung kommunaler Entscheidungsträger gegenüber dem Bürger [...]". (ebd.). Das Hoheitswissen erodiert und Kommunen müssen „[...] akzeptieren, die Steuerungshoheit über sie betreffende Kommunikationsinhalte zu verlieren." (ebd.).

Aber auch etablierte Medien, wie die Presse, verlieren die Gatekeeper-Funktion. Sie steuern nicht mehr allein den Informationsfluss und die Diskussion auf kommunaler Ebene. Viele private Nutzer suchen im Netz nach Informationen und teilen sie in sozialen Netzwerken mit anderen Nutzern. Schneider schlussfolgert daraus, dass in „[...] der Hierarchie aus Kontrolle, Beeinflussung und Beobachtung der eine Kommune betreffenden Kommunikation [...] das Kontrollparadigma zunehmend dem Beobachtungsparadigma weichen muss" (Schneider 2013: S. 27). Er fordert daher, einen „[...] Aufbau von Beobachtungsfähigkeiten hinsichtlich relevanter Kommunikationsinhalte in sozialen Netzwerken zu forcieren." (ebd.). Doch Kommunen können in den sozialen Netzwerken nicht nur passiver Beobachter der Kommunikation ihrer Bürgerinnen und Bürger sein. Sie können auch über ein eigenes Profil gezielt in einen Dialog mit den Bürgerinnen und Bürgern treten. Dabei kann eine Information, aber auch eine Diskussion von Inhalten stattfinden. Heine und Zerfaß bemerken dazu, dass das Social Web als Kommunikationsraum „[...] die technische Infrastruktur des Internets nutzt [...]" (Heine, Zerfaß 2011: S. 123) und damit „[...] potentiell die Einwohner eines ganzen Staatswesens erreichen (kann) – also alle diejenigen, für die kollektive bindende Entscheidungen gelten sollen." (ebd.). Diese potenzielle Reichweite schreiben Heine und Zerfaß auch anderen Medien wie dem Fernsehen zu. Jedoch scheitern diese daran, dass keine rückgekoppelte Kommunikation möglich ist. (ebd.). „Das Social Web verbindet beides: (potentiell) adäquate Reichweite und (potentiell) partizipative und interaktive politische Kommunikation." (ebd.).

4. Digitalisierung der kommunalen Kommunikation

Im lokalen Raum verdichten sich menschliche, politische sowie soziale Beziehungen und Kooperationen, die so immer stärker durch die Digitalisierung geprägt werden. Wie bereits festgestellt wurde, findet mit der „[...] rasanten Diffusion des Internets und [der] damit einhergehende[n] Verbreitung sozialer Netzwerke [...]" (Schneider 2013: S. 27) eine grundlegende Veränderung der Kommunikationskultur auf kommunaler Ebene statt. Dieser Wandel löste eine Diskussion darüber aus, wie Kommunen den veränderten Kommunikationsbedingungen in der digitalisierten Welt begegnen. Die Präsentation der eigenen Gemeinde auf einer Website scheint dabei mittlerweile zum Standard geworden zu sein. Auch der Verwaltungskontakt über Portale wie das sächsische Amt24, zum Einreichen von Dokumenten und Anträgen, wird von vielen Gemeinden bereits angeboten (vgl. Heumann, Jürgens u. a. 2018). Doch müssen sich diese ersten Ansätze mit der voranschreitenden Digitalisierung auch der Kritik stellen. Einen Termin auf dem Amt von zu Hause zu vereinbaren scheint zunächst sehr bequem, ist aber im Rahmen der Möglichkeiten keine echte Bürgerbeteiligung an gesamtstädtischen

Entwicklungen. Hierfür braucht es neue Ansätze, die derzeit diskutiert werden.

Abgeleitet von dem aus der Wirtschaft stammenden Ansatz der Open Innovation sollen sich in Zukunft auch Verwaltungen und die Politik der Bürgerschaft öffnen. Auch der Freistaat Sachsen hat sich dieses Ziel gesetzt und es in der Digitalisierungsstrategie „Sachsen Digital" festgehalten. Das Open Government soll dabei zu einer Öffnung der Verwaltungen in ihren politischen sowie administrativen Prozessen gegenüber der Bevölkerung und der Wirtschaft führen. Die daraus folgende Transparenz durch die für Bürgerinnen und Bürger frei zugänglichen Informationen soll zu mehr Teilhabe führen, zu einer intensiveren Zusammenarbeit und zur Stärkung gemeinschaftlicher Belange (vgl. SMWA 2016). Das Internet gilt hierbei als Förderer. Über Online-Datenbanken und Plattformen soll das Abrufen von und die Recherche nach Informationen jeder Zeit möglich sein. Mit dem Online-Kontakt zur Bürgerschaft soll zudem ein interaktiver Feedback-Kanal aufgebaut werden. Jedoch weisen Kommunikationstheorien, wie die Media Synchronicity Theory, darauf hin, dass alleiniger Kontakt über das Internet für eine qualitativen und nachhaltigen Dialog nicht tragfähig ist. In der computervermittelten Kommunikation findet eine Reduktion der Reize statt. Komplexere Inhalte, so die Theorie, sollten daher in einer klassischen Face-to-Face-Kommunikation besprochen werden (vgl. Schwabe 2001). Damit sollte auch in einer digitalen Welt der persönliche Kontakt gehalten werden. Für jede Interaktion ist damit der geeignete Kanal mit seinen spezifischen Gegebenheiten zu wählen.

5. Crossmedialität in der Dialogkommunikation auf kommunaler Ebene

Diesen Gedanken folgend scheint die crossmediale Kommunikation für einen Dialog zwischen der Bürgerschaft und der Politik auf kommunaler Ebene ein passender Ansatz zu sein. Mit dieser medienübergreifenden Kommunikation können die Bürgerinnen und Bürger in den Kanälen an den Touchpoints erreicht werden, in und an denen sie sich täglich bewegen (vgl. Staker, Wrigley, Rosmann 2015). So nehmen zum einen „[...] moderne Verwaltungen und

Städte [...] die Herausforderung an und reagieren auf den gesellschaftlichen Wandel und auf Veränderungen der medialen Welt, indem sie auf ihren Websites, über Social Media, wie Facebook oder den Kurznachrichtendienst Twitter, ihre Bürger direkt informieren" (Krüger 2013: S. 209). Dennoch bemühen sich moderne Verwaltungen auch darum, [...], die Menschen an den Orten zu treffen, an denen sich die Bürger täglich aufhalten" (ebd.). Das Feedback der angesprochenen Bürgerinnen und Bürger sollte in diesem Prozess von besonderem Interesse sein, sodass sich „[...] Bürgermeister, Verwaltungen als auch das Stadtmarketing [...] dialogischen Kommunikationsformen (bedienen), um den Bürger in kommunale Prozesse einzubeziehen." (Windhaus, Schlicht 2013: S. 42).

Um den Bürgerinnen und Bürger die Teilnahme an dieser symmetrischen Kommunikation zu ermöglichen, ist nach Kubicek, Lippa und Westholm eine Kommunikation über die mit den Bürgern geplante Kommunikation nötig. In dieser Metakommunikation „[...] sollen die Bürgerinnen und Bürger [...] nicht nur auf Beteiligungsangebote aufmerksam gemacht werden, sondern durch die Vermittlung von nötigem Wissen [...] auch dazu befähigt werden." (Kubicek, Lippa, Westholm 2009: S. 83). Für Kubicek, Lippa und Westholm dient Metakommunikation somit nicht nur

> „[...] der Aufmerksamkeitsgenerierung, sondern auch der Vermittlung von zur aktiven Teilnahme benötigtem Wissen und Kompetenzen. Sie schafft auch eine gemeinsame Wissensbasis, die erst das Verständnis und die Verständigung in Beteiligungsprozessen ermöglicht. Zudem werden die Regeln des Verfahrens vermittelt, was zur Transparenz beiträgt" (Kubicek, Lippa, Westholm 2009: S. 85).

In der Präsentation der Informationen ist schlussendlich darauf zu achten, dass sie „[...] für die Zielgruppe verständlich (sind) und sie wertschätzend auf gleicher Augenhöhe ansprechen." (Mußmann 2015: S. 218).

6. Auswertung der empirischen Untersuchungen

Im Rahmen des Forschungsprojektes Crossmediale Medienwirkungsforschung an der Hochschule Mittweida sollte ein wissenschaftlicher Beitrag zur Gestaltung der kommunalen Kommunikation in einer digitalisierten Welt geleistet werden. Dafür wurden die Kanäle der Zukunftsstadt Mittweida zunächst im Monitoring begleitet und später von der Forschungsgruppe Crossmediale Medienwirkungsforschung übernommen. Eine genaue Darstellung der betrachteten Kanäle fand bereits im vorherigen Kapitel statt (siehe Einstieg crossmediale Bürgerkommunikation – Themen und Kanäle). Die Auswertung der erhobenen Daten gibt am Beispiel von Mittweida erste Aufschlüsse über das Mediennutzungsverhalten der Bürgerinnen und Bürger einer Klein- bis Mittelstadt. Die Darstellung der Ergebnisse erfolgt in diesem Kapitel mit dem Blick auf das Entstehen eines Dialoges zwischen Bürgerschaft und Stadtverwaltung. Für ergänzende Erklärungen wird weitere Literatur herangezogen. Um nicht bereits dem noch folgenden Kapitel vorauszugreifen, werden aus dem umfangreichen Datenmaterial einzelne Statistiken sowie Kanäle herausgegriffen und näher betrachtet.

6.1 Emotionale Ansprache und Storytelling

Die Auswertung der erfolgten Kommunikation betont die Relevanz von Emotionen in der Kommunikation. Über Storytelling wurden in den Kanälen der Zukunftsstadt Mittweida Geschichten der Bürgerinnen und Bürger aufgegriffen und in den etablierten Kanälen erzählt. Es zeigte sich dabei, dass die emotional erzählten Geschichten eine höhere Reichweite erzielten als andere Inhalte mit vergleichbaren kognitiven Informationen. So gilt zwar, dass die „[…] Informationsinteressen, die dem Alltag entspringen, […] ihren Hintergrund in der Nahwelt (haben)" (Chmielewsk, 2011: S. 43). Jedoch die Forschungen im Bereich der Emotionen der vergangenen Jahren auch die emotionale Ebene betonten. Über die Untersuchungen zur Bedeutung von Emotionen beim Erinnern berichtet Schirmer beispielsweise: „One interesting phenomenon in the context of autobiographical research is that individuals remember self-relevant information differently and better than information that is not self-relevant." (Schirmer 2015: S. 122). Im Vergleich einer Vielzahl von Emotionstheorien nach Meinong, Arnold, Lazarus, Weiner sowie anderen ergänzt Höfer dazu:

„Im Sinne der kognitiven Bewertungstheorien beziehen sich ausgelöste Emotionen immer auf für die Person relevante Stimuli, da Personen, Situationen oder Objekte, die für die Person keine Signifikanz haben, auch keine Emotionen auslösen." (Höfer 2013 : S. 50).

Höfer folgt damit der Appraisal-Theorie, einer kognitiven Emotionstheorie, die davon ausgeht, dass Emotionen ein Resultat der „[…] Einschätzung von Personen, Situationen, Ereignissen oder Objekten und deren Bedeutung für die einschätzende Person in Abhängigkeit von deren Motiven, Wünschen, Einstellungen […]" (ebd.) sind. Erscheint etwas für einen Rezipienten relevant, löst dies eine Emotion bei ihm aus. Welche Bedeutung dies für das Dialogpotenzial in der Kommunikation hat, erklärt Höfer in seinen Ausführungen. „Der funktionale Aspekt der Emotionen realisiert sich demnach über die Handlungen gegenüber der Umwelt. Emotionen führen also prinzipiell zu Handlungen bzw. bereiten sie vor." (ebd.). Diese Erkenntnis zeigt, dass Kommunikation Emotionen braucht, um beim Rezipienten eine Motivation zur Handlung, die schlussendlich ein Dialog sein kann, auszulösen.

In seinen Betrachtungen zu Medien und Emotionen geht Höfer zudem auf die Inhalte, die von Nutzern rezipiert werden, ein. Medien dienen vor allem der Alltagsbewältigung und Identitätsbildung. (ebd.: S.106). Die strukturanalytische Rezeptionsforschung geht nach Höfer „[…] von den für die RezipientInnen (alltags)relevanten, sich aus ihrer Bedürfnislage und Lebenssituation ergebenden Themen aus, die sich auf die Mediennutzung auswirken." (ebd). Damit hat die […] emotionalisierende Medienauseinandersetzung […] die Realwelt der RezipientInnen als Basis." (ebd.). In der Diskussion und Verbindung der kognitiven Emotionstheorie und der Rezeptionsforschung erkennt Höfer schließlich, dass „[…] RezipientInnen Medieninhalten vor allem dann Relevanz verleihen, wenn durch sie

Bezüge zu eigenen sozialen Erfahrungen hergestellt werden können." (ebd.).

6.2 Kommunikation über die Kanäle

Mit Ende des Untersuchungszeitraumes im Oktober 2016 hatte die
Facebook-Seite der Zukunftsstadt Mittweida 817 „Gefällt-mir"-
Angaben. Im Erhebungszeitraum wurden Texte, Videos, Drohnenvideos, Fotos, Fotos mit ergänzten grafischen Elementen (Grafische
Fotos), 360-Grad-Fotos, Grafiken, Notizen und verschiedene Links
veröffentlicht. In manchen Posts wurden mehrere gleiche Inhalte in
einem Fotoalbum veröffentlicht. Weiter wurden die Beiträge in die
Cluster Information und Emotion mit den Unterclustern Ratgeber
und Unterhaltung eingeteilt. Dabei ist es interessant zu betrachten,
wie die Reichweite durch die Art des Beitrages und der Artencluster
Information und Emotion beeinflusst wird. Allgemein gibt es die Annahme, dass reine Informationen im sozialen Netzwerk Facebook
nur wenig Verbreitung finden. Mammen bemerkt dazu: „Die Kom-
munikationsplattform Facebook bietet keinen Raum für Komplexität
und Tiefgründigkeit, deshalb müssen kontinuierlich aufmerksam-
keitsstarke, bedürfnissynchrone Inhalte gepostet werden." (Mammen 2015: S. 342). Die Auswertungen der Facebook-Statistiken bestätigen dies. Insbesondere bei der Anzahl von Gefällt-mir-Angaben
zeigen die obigen Tabellen das erwartete Verhalten. Beiträge mit
emotionalen Inhalten werden ungleich häufiger gemocht als rein in-
formative. Die Verteilung von Kommentaren folgt dem gleichen
Schema. Vor allem auf emotional. Jedoch ist das Interaktionspoten-
zial clusterübergreifend höher als das Dialogpotenzial. In allen Bei-
tragsarten wurde öfter ein Gefällt-mir gesetzt als kommentiert. Das
gewünschte Dialogpotenzial konnte so nicht immer erzielt werden.
Jedoch erreichten vereinzelte Beiträge ein besonders hohes Dialogpotenzial. Ein Beispiel dazu wird im folgenden Abschnitt (siehe
6.3) noch erläutert. Generell war für die Arbeit auf Facebook die
Moderation wichtig. Durch die aktive Moderation auf der Facebook-
Seite konnte das Redaktionsteam Shitstorms ausschließen. Indem
alle Meinungen zugelassen und gleichberechtigt zur Diskussion gestellt wurden, konnte sich jede Bürgerin und jeder Bürger einbringen

und wurde nicht vom Dialog ausgeschlossen. Dies scheint eine wichtige Grundlage zu sein, um ein angenehmes Gesprächsumfeld zu schaffen. Eine vom Redaktionsteam festgelegte Netiquette definierte die Rahmenbedingungen, unter denen online jeder seine Meinung einbringen konnte. Denn auch wenn alle Meinungen und Ideen für eine Diskussion zugelassen sein müssen, dürfen destruktive, diskriminierende und hetzende Kommentare eine produktive und gleichberechtigte Kommunikation nicht stören. Auch Kubicek, Lippa und Westholm erkennen die Notwendigkeit eines solchen Diskussionsleitfadens. Nicht nur bei traditionellen Beteiligungsverfahren werden vorher Kommunikations- und Interaktionsregeln festgelegt, so die Forscher, sondern „gleichermaßen oder wegen der Möglichkeit einer anonymen Teilnahme sogar noch mehr für Internet-basierte Kommunikation" (Kubicek, Lippa 2009: S. 84). Über das Festlegen von Kommunikationsregeln werden die am Dialog teilnehmenden Bürgerinnen und Bürger „[...] über die thematische Ausrichtung der Diskussion [...], über entsprechende Regeln und Richtlinien für das Verfassen von Beiträgen [...] sowie die Konsequenzen bei Missachtung dieser Regeln aufgeklärt." (ebd.).

Auf der Website wurde auch vor allem auf Beiträge im Artencluster Emotion zugegriffen. Die Geschichten porträtierten in Mittweida bekannte Persönlichkeiten. In diesem Rahmen wurden vertiefende Informationen gegeben. Das Teilen der Artikel auf Facebook erhöhte die Zugriffe auf die Website. So sind Synergien zwischen den Kanälen nachzuweisen. Ein Großteil der Nutzer wechselte von Facebook nur für einen bestimmten Inhalt auf die Website und verließ sie nach dem Lesen des Beitrages wieder. Zusatzinhalte wie Videos oder Audiobeiträge erhöhten dabei die Verweildauer der Nutzer auf einer Seite und sorgten für eine längere Auseinandersetzung mit einem Thema. Auf der Website waren keine Kommentare zu den Artikeln möglich. Der Dialog dazu sollte in Facebook gebündelt stattfinden. Wie die Auswertung zeigt, wurde nur zu den wenigsten Beiträgen auf der Website ein Gespräch auf Facebook begonnen. Im Durchschnitt aller auf Facebook geteilten Website-Links ergaben sich 4 Kommentare. Dabei waren die emotionalen Beiträge (Durchschnitt 7 Kommentare) stärker diskutiert als die informativen (Durchschnitt 2 Kommentare). Es ist zu überlegen, für eine vertiefte dialogische

Kommunikation die Möglichkeit der Kommentierung auf der Website einzuräumen, um ein direktes Feedback im Kanal zu ermöglichen.

Über die Statistiken von Facebook konnte herausgearbeitet werden, dass Bewegtbildinhalte auf Social Media besonders häufig rezipiert und aktiv geteilt wurden. Allerdings werden die Videos im Durchschnitt auch weniger lang angesehen. So wird zwar eine höhere Reichweite und auch Interaktivität erzielt, wenn ein Video direkt auf Facebook veröffentlicht wird, dennoch ist zu vermuten, dass die Nutzer die Videos beim Scrollen durch ihren Newsfeed nur kurz anschauen und dann bereits weiterscrollen. Somit beschäftigt sich ein Nutzer nur kurz mit einem in dem Video behandelten Thema. In der Kommunikation muss hier das Ziel definiert werden. Soll auf eine möglichst hohe Reichweite Wert gelegt werden, ist zu empfehlen, ein Video direkt auf Facebook zu veröffentlichen. Soll ein Nutzer sich möglichst intensiv mit einem Thema beschäftigen, so sollte der Bewegtbildinhalt auf YouTube oder einem anderen Kanal veröffentlicht werden. Weiter lässt sich vermuten, dass die Länge eines Videos entscheidend für seine Rezeption ist. So zeigte sich, dass die Videos über 3 Minuten auf YouTube durchschnittlich maximal 2 Minuten und 36 Sekunden geschaut wurden. In dieser Zeit ist die Vermittlung von Inhalten möglich. Wichtige zu kommunizierende Inhalte sollten daher am Anfang des Videos stehen, da womöglich die Nutzer das Video nicht bis zu Ende schauen und damit die Informationen auch nicht aufnehmen werden. Je kürzer ein Video ist, desto mehr schaut ein Nutzer davon und umso mehr Inhalt erfasst er. Konkludierend kann festgehalten werden, dass Bewegtbild in einer crossmedialen Kommunikation zur Steigerung der Aufmerksamkeit der Bürgerinnen und Bürger für kommunizierte Inhalte beiträgt. Videobeiträge in beiden Clusterarten erzielten im Vergleich zu anderen Inhalten hohe Reichweiten. Dabei erzeugten die Videos, die mit innovativen Medientechnologien produziert wurden, die höchste Aufmerksamkeit. Bei Videos ist es zudem relevant, auf welchem Kanal sie veröffentlicht werden. So erzielten die Videos, die direkt auf Facebook geteilt wurden, zwar höhere Reichweiten als die Videos auf YouTube, jedoch wurden die Videos auf YouTube durchschnittlich länger angeschaut als Videos, die direkt auf Facebook geteilt wurden. Bei der Produktion von Videos ist weiter darauf zu achten, dass die benötigte Aufnahme- und Schnitttechnik sowie Erfahrung im Umgang mit dieser vorhanden ist. Nur so kann die nötige Qualität der Aufnahmen und Inhalte gewährleistet werden.

6.3 Ein besonderes Ereignis in den Betrachtungen

An dieser Stelle soll Bezug auf ein praktisches Beispiel aus der Kampagnenkommunikation genommen werden um die Relevanz von Emotion, Lokalbezug und Vernetzung für die Aktivierung zum Dialog aufzuzeigen. Wie Vetter und Eith schreiben, ist „Ein hohes Konfliktpotential [...] häufig mit Infrastrukturprojekten verbunden." (Vetter, Ulrich 2015: S. 54) Dies ist auch in der Diskussion um die Neugestaltung des Technikumplatzes in Mittweida der Fall. Mit der Umgestaltung ab September 2010 sollte sich dieser zur „[...] grünen Kommunikations- und Informationsinsel für die Bürgergemeinschaft [entwickeln.]" (Landesdirektion Sachsen 2010). Unter Leitung der Stadtverwaltung Mittweida und mit Förderung durch die Landesdirektion Chemnitz sollte der Platz vor dem Hauptgebäude der Hochschule zum symbolischen Treffpunkt zwischen Hochschule und Stadt werden. In der Planung zur zukünftigen Nutzung des Platzes hieß es, dass „insbesondere auf der Mittelterrasse [...] Feste stattfinden können [...]. Der ganze Platz wird (zudem) für Sport und Spiel, aber auch für Erholung und Entspannung zur Verfügung stehen." (ebd.). Weiter sollten neu gepflanzte Bäume und Sträucher für „[...] eine ausreichend grüne Komponente [...]" (ebd.) auf dem neuen Technikumplatz sorgen.

Im Rahmen des Monatsthemas im August „Sommer in Mittweida" auf der Facebook-Seite der Zukunftsstadt Mittweida erfolgte am 11. August 2016 ein Post zum Thema Technikumplatz. In diesem wurde ein historisches Bild der aktuellen Ansicht gegenübergestellt und die Nutzer wurden dazu gefragt, auf welchem Platz sie am liebsten den Sommer genießen würden. Eine gewisse Reaktanz der Bürgerinnen und Bürger vor der Umgestaltung des Platzes wurde bei diesem Post vermutet. Aus den Erfahrungen, die in Gesprächen auf den Zukunftsforen während der 1. Phase gesammelt wurden, ergab sich, dass mache Bürgerinnen und Bürger hochschulnahen Projekten kritisch gegenüberstehen. In der Umgestaltung des Technikumplatzes wird ein solches Projekt gesehen. Mit dem Aufgreifen des Themas sollte eine gezielte Emotionalisierung und damit Motivation zum Kommentieren gefördert werden.

Mit diesem Vorgehen konnten schließlich auch Personen zur Kommentierung und Interaktion bewegt werden, die für gewöhnlich die Beiträge auf Facebook passiv verfolgten oder bis zu dem Zeitpunkt noch gar nicht mit der Seite interagiert hatten. Mit 92 Kommentaren direkt auf den Beitrag der Zukunftsstadt Mittweida wurde dieser Post im Vergleich zu anderen im Erhebungszeitraum ungewöhnlich stark kommentiert. Im Mittel erzielten Fotos im Cluster Emotion nur 11 Kommentare. In der Diskussion um den Beitrag und während der Moderation des Gesprächs durch die Forschungsgruppe wurde die Erfahrung gemacht, dass für eine qualitative Gesprächsführung ausreichend Informationen aufseiten des Moderierenden vorhanden sein müssen. Im Fall der Forschungsgruppe konnte dies nicht immer gewährleistet werden. Der Zugriff auf städtische Informationen fehlte hier. In manchen Diskussionen mit Bürgerinnen und Bürgern fehlte dem Redaktionsteam der Forschungsgruppe damit Hintergrundwissen. Dieses ist allerdings vor allem für kontrovers diskutierte Themen wichtig. Es wurde bereits darauf hingewiesen, dass in der kommunalen Kommunikation den Bürgerinnen und Bürgern in einer Metakommunikation Wissen über die Teilnahmemöglichkeiten vermittelt werden muss. Es hat sich zudem gezeigt, dass auch während einer Teilnahme der Bürgerinnen und Bürger weiterhin Informationen und Fakten aufbereitet werden müssen, um ihnen auch während eines stattfindenden Dialogs weiterhin eine gleichberechtigte Teilnahme zu ermöglichen. Sozusagen muss ihnen Zugang zu Hoheitswissen gewährt werden. Mit einer solchen offenen Ansprache und einem zugrundeliegenden Diskussionsleitfaden, wie einer Netiquette, können kritische Stimmen aufgefangen und damit auch ein möglicher Shitstorm abgewendet werden.

Die hohe Relevanz des Themas Technikumplatz für die Bürgerinnen und Bürger zeigte sich zudem nicht nur in der im Vergleich zu anderen Beiträgen im Erhebungszeitraum intensiven Diskussion und Interaktion zum Beitrag der Zukunftsstadt Mittweida. Die Diskussion ging schließlich über den Rahmen der Debatte auf der Facebook-Seite der Zukunftsstadt Mittweida hinaus. So griff die lokal bekannte private Facebook-Seite Mein Mittweede das Thema auf und veröffentlichte am selben Tag ein eigenes historisches Bild vom Technikumplatz.

7. Zusammenfassung

Die Auswertungen der Statistiken und Reichweiten der crossmedial verbundenen Kanäle der Zukunftsstadt Mittweida geben Aufschluss darüber, welche Inhalte in den verschiedenen Kanälen von Bürgerinnen und Bürgern auf kommunaler Eben rezipiert werden und wie sie zum Dialog motivieren. Dabei zeigte sich, dass gerade emotionalisierte Inhalte mit Relevanz für die Bürgerinnen und Bürger von diesen häufiger rezipiert wurden als reine Informationen. Über Storytelling wurden Informationen durch beispielhafte Geschichten von Personen und Orten in Mittweida aufbereitet und in einem emotionalen Rahmen kommuniziert. Damit konnte die Reichweite in der Kommunikation erhöht werden, wobei bemerkt werden muss, dass es oft weniger zum direkten Dialog im Sinne eines Gespräches, sondern, wie auf Facebook, eher zur Interaktion über Gefällt-mir-Angaben kam. Einzelne Beiträge, wie der Beitrag über den Technikumplatz, erzielten allerdings ein hohes Dialogpotenzial. Sie hatten einen hohen Regionalbezug und Relevanz für die Bürgerinnen und Bürger. Der Einsatz von innovativen Medientechnologien wie Drohnenflugaufnahmen oder 360-Grad-Fotografie zur Aufbereitung von Informationen erwies sich als gewinnbringend. Die Drohnenvideos sind in den Kanälen, in denen sie veröffentlicht wurden, unter den reichweitenstärksten Beiträgen und erzielten auf Facebook eine im Vergleich zu anderen Posts im Erhebungszeitraum hohe Interaktion sowie Dialogpotenzial. Mehr dazu findet sich im Kapitel Bedeutungsträger moderne Technologien.

In der bisherigen Forschung wurde die crossmediale Kommunikation in Kommunen darauf untersucht, auf welche Inhalte und in welchen Kanälen die Bürgerinnen und Bürger darauf reagieren und an einem Dialog oder Interaktion teilnehmen. Die Motivation zur Kommunikation wurde aufgrund fehlender fachlicher Vertiefung in der

Forschungsgruppe in dem derzeitigen Ansatz noch nicht betrachtet. Für die Vertiefung des Verständnisses der crossmedialen Kommunikation in Kommunen wird es allerdings auch relevant, die Frage nach der Intention einer Bürgerin und eines Bürgers zur Kommunikation zu stellen, um Kommunikationsprozesse genauer und zielorientierter planen zu können. Für die kommende Forschung wird es zudem relevant sein, den Einsatz von Big Data im kommunalen Bereich zu untersuchen. Die Stadtverwaltungen verfügen über eine große bürgerbezogene Datenmenge. Kann diese strukturiert und organisiert werden, wird dies auch die kommunale Kommunikation verbessern. Mit einem umfassenden bürgerbezogenen Wissen könnten Kommunikationserfolge durch die zielpersonengenaue Aufbereitung von Informationen erhöht werden. Das bisherige Verfahren, über verschiedene Medienkanäle Informationen zu streuen und auf eine Reaktion des Kommunikationsempfängers zu warten, scheint veraltet. Moderne Kommunikationsmaßnahmen müssen auch in Kommunen den Anspruch haben, ihre Zielpersonen so gut wie möglich zu erreichen und durch die zielpersonenspezifische Aufbereitung von Inhalten die Relevanz zu erhöhen. Crossmediale Dialogkommunikation ist für den kommunalen Bereich ein möglicher erster Ansatz, der allerdings noch Potenzial zur Weiterentwicklung in sich trägt. Crossmedia bietet in der Kommunikation durch mehrere integrierte Medienkanäle einerseits einen Mehrwert. Zum anderen bedarf die Betreuung der Kanäle jedoch auch eines angemessenen personellen Aufwands. So war die crossmediale Kommunikation in der K zudem eine weitere Redakteurin betraut. Kommunen, die eine crossmediale Kommunikation mit ihren Bürgerinnen und Bürgern anstreben, müssen sich so bewusst sein, dass dies nicht ohne ausreichend personelle Ressourcen und Expertise gestaltet werden kann.

Mittweida konnte in Zusammenarbeit mit der Hochschule Mittweida und der Universität Leipzig im Rahmen der Kampagne Zukunftsstadt eine vernetzte Ansprache der Bürgerinnen und Bürger aufbauen und damit die alltagsgeprüften Erfahrungen der Bürgerinnen und Bürger in die Entwicklung eines gesamtstädtischen Entwicklungskonzeptes einbeziehen. In dieser Kooperation ist ein hoher Wissenstransfer zu erwarten, der gezielt gesteuert werden muss.

Für kommende Untersuchungen ist es interessant, Prozesse des Wissensmanagements auf ihre Anwendbarkeit auf kommunaler Ebene zu überprüfen.

Literaturverzeichnis

[1] Bauer, Hartmut / Hajasch, Lydia: Vom passiven Untertan über den Wutbürger zum aktiven Citoyen in der Bürgerkommune, in Bauer, Hartmut / Büchner, Christiane / Hajasch, Lydia [Hrsg.]: Partizipation in der Bürgerkommune, Potsdam, 2017

[2] Chmielewski, Daniel: Lokale Leser. Lokale Nutzer. Informationsinteressen und Ortsbindung im Vergleich. Eine crossmediale Fallstudie, Köln, 2011

[3] Holland, Heinrich: Digitales Dialogmarketing. Grundlagen, Strategien, Instrumente, Wiesbaden, 2014

[4] Heine, Daniel / Zerfaß, Ansgar: Regieren im Social Web – Eine experimentelle Studie zur Rezeption innovativer Elemente der Regierungskommunikation im Internet, in Wolling, Jens / Will, Andreas / Schumann, Christian [Hrsg.]: Medieninnovationen. Wie Medienentwicklungen die Kommunikation in der Gesellschaft verändern, Konstanz, 2011

[5] Höfer, Wolfgang: Medien und Emotionen. Zum Medienverhalten junger Menschen, Wiesbaden, 2013

[6] Heuermann, Jürgens / Tomenendal, Matthias / Bressem, Christian [Hrsg.]: Digitalisierung in Bund, Ländern und Gemeinden. IT-Organisation, Management und Empfehlungen, Berlin, 2018

[7] Klages, Helmut / Vetter, Angelika: Bürgerbeteiligung auf kommunaler Ebene. Perspektiven für eine systematische und verstetigte Gestaltung, Berlin, 2013

[8] Kubicek, Herbert / Lippa, Babara / Westholm, Hilmar: Medienmix in der Bürgerbeteiligung. Die Integration von Online-Elementen in Beteiligungsverfahren auf lokaler Ebene, Berlin, 2009

[9] Krüger, Thorsten: Der größte Erfolg sind WIR – Bürgerkommunikation als Ausdruck der Bürgerkommune, in Schneider, Helmut /

Herbers, Heinz-Hermann [Hrsg.]: Kommunale Bürgerkommunikation. Konzeptionelle Grundlage- Empirische Befunde-Kommunale Praxis, Glückstadt, 2013

[10] Mammen, Madlen : Facebook als Instrument der Unternehmenskommunikation, in Handbuch Online-PR. Strategische Kommunikation in Internet und Social Web, Hrsg. Zerfaß, Ansgar / Pleil, Thomas, 2. überarbeite und erweiterte Auflage, München, 2015

[11] Masser, Kai / Pistoia, Adriano / Nitzsche, Philipp: Bürgerbeteiligung und Web 2.0 Potentiale und Risiken webgestützter Bürgerhaushalte, Wiesbaden, 2013

[12] Mußmann, Olaf: Kommunale Bürgerbeteiligung. Ein Erfahrungsbericht, in Sommer, Jörg [Hrsg.]: Kursbuch Bürgerbeteiligung, Berlin,2015

[13] Ritzer, Dean / Jurgenson, Nathan: Production, Consumption, Prosumption. The nature of capitalism in the age oft he digital 'prosumer', Journal of consumer culture, 20XX, S. 13-36

[14] Sächsisches Staatsministerium für Wirtschaft, Arbeit und Verkehr (SMWA) [Hrsg.]:sachsen Digital. Die Digitalisierungsstrategie für den Freistaat Sachsen, Dresden, 2016

[15] Schirmer, Annett: Emotion, Thousand Oaks (Kalifornien), 2015

[16] Schneider, Helmut: Kommunale Bürgerkommunikation als essenzielle Vertiefung des Stadtmarketings, in Schneider, Helmut / Herbers, Heinz-Hermann [Hrsg.]: Kommunale Bürgerkommunikation. Konzeptionelle Grundlagen – Empirische Befunde – Kommunale Praxis, Glückstadt, 2013

[17] Schwabe, Gerhard (2001). Mediensynchronizität – Theorie und Anwendung bei Gruppenarbeit und Lernen. In: Hesse, F / Friedrich, H. Partizipation und Interaktion im virtuellen Seminar. München / Berlin, Deutschland: Waxmann, 111-134

[18] Sippel, Hans-Jörg: Auf dem Weg zu einer (neuen) politischen Kultur der Beteiligung, in Bauer, Hartmut / Büchner, Christiane / Hajasch, Lydia [Hrsg.]: Partizipation in der Bürgerkommune, Potsdam, 2017

[19] Starker, Karla / Wrigley, Cara / Rosemann, Michael: Typologies and touchpoints: designing multi-channel digital strategies, in Journal of Research in Interactive Marketing, Vol. 9 Issue: 2, pp.110-128, 2015

[20] Vetter, Angelika / Eith, Ulrich: Potential dialogischer und direkt-demokratischer Bürgerbeteiligung, in Sommer, Jörg [Hrsg.] : Kursbuch Bürgerbeteiligung, Berlin, 2015

[21] Windhaus, Sebastian / Schlicht, Julia: Entwicklung eines Modells der kommunalen Bürgerkommunikation, in Schneider, Helmut / Herbers, Heinz-Hermann [Hrsg.]: Kommunale Bürgerkommunikation. Konzeptionelle Grundlagen – Empirische Befunde – Kommunale Praxis, Glückstadt, 2013

Online-Ressourcen

[1] Landesdirektion Sachsen [Hrsg.] Pressemitteilung 2010. Stadt Mittweida erhält für Umgestaltung des Technikumplatzes mehr als 800.000€ Fördermittel, Veröffentlicht am 15. September 2010, https://www.lds.sachsen.de/index.asp?ID=3375&art_param=349 (Letzte Zugriff 18. Januar 2018)

Bedeutungsträger moderne Technologien

Von Constanze Hundt

Abstract: Das folgende Kapitel thematisiert den Einsatz moderner Technologien in der kommunalen Kommunikation. Betrachtet wird zunächst die Entwicklung und der Einfluss, welchen Technologien auf die Kommunikation haben können, sowie die damit einhergehenden Herausforderungen, Chancen und Risiken für die kommunale Kommunikation, denn technische Neuerungen wirken sich in der Regel auch auf die Kommunikation innerhalb der Kommunen aus. Neue Technologien sind in der Lage, die Aufmerksamkeit und die Interaktivität zu erhöhen, können aber aufgrund des innovativen und ungewohnten Charakters auch vom Inhalt und den Kommunikationszielen ablenken. Eine effektive Kommunikation benötigt neben der Kommunikationsstrategie also auch zwingend eine anvisierte Zielgruppe und ein Kommunikationsziel. Die Analyse basiert auf den Veröffentlichungen der Zukunftsstadt Mittweida.

1. Hinführung

Durch die Etablierung des Internets haben sich Kommunikations- und Informationswege stark verändert – sowohl auf persönlicher als auch auf kommunaler Ebene der Rezipienten. Die Anforderungen im Bereich der kommunalen Kommunikation steigen mit der wachsenden Medienerfahrung der Konsumenten. War es vor einigen Jahren noch möglich, Aufmerksamkeit durch Fotografien und standardisiertes Bewegtbild zu generieren, sollte nun der Umschwung auf neue Technologien erfolgen, um dem Rezipienten immer wieder neue Reize und Einblicke zu gewähren. Die hier vorliegende Analyse umfasst den Erfolg solcher neuen Technologien im Hinblick auf den Kommunikationserfolg und die Kommunikationswirkung im Vergleich zu herkömmlicher Technik am Beispiel der Hochschulstadt Mittweida. In Kooperation mit der Freien Presse entstanden innovativ produzierte Medieninhalte (siehe auch Kapitel 5). So wurden 360-Grad-Fotos und Drohnenvideos eingesetzt, welche das Interesse der Rezipienten weckten. Auch an verschiedenen Veranstaltungen konnten Interessierte 360-Grad-Fotos mittels sogenannter

Cardboards anschauen (vgl. Stadtverwaltung Mittweida). Das hohe Interesse der Rezipienten an innovativen Technologien, welches sich vor allem durch gesteigerte Reichweiten bei Facebook zeigte, ermöglicht nun unter anderem weitere Untersuchungen im Bereich 360-Grad-Videos, welche für die Kommunikation und einen Dialog auf kommunaler Ebene genutzt werden können. Bild und Videoinhalte, die mittels neuer Technologien produziert wurden, erreichen eine höhere Reichweite und eine gesteigerte Interaktionsrate als normale Bildbeiträge in den sozialen Medien. In dieser Entwicklung liegt ein großes Potenzial, das für die Kommunikation und einen Dialog auf kommunaler Ebene genutzt werden kann.

2. Kommunikation unter dem Einfluss von Technologie

Die Geschichte der Kommunikation weist einen großen Zusammenhang zwischen der medientechnologischen und der gesellschaftlichen Entwicklung auf. Neu etablierte Medientechnologien prägen seit jeher die Gesellschaft ihrer Zeit, werden dabei aber auch von der Gesellschaft beeinflusst. Beginnend mit der Schrift und dem Buchdruck war es beispielsweise möglich, Informationen schneller sowie zeit- und ortsunabhängig zu verbreiten und damit den Wirkungsbereich der einzelnen Werke zu vergrößern. Die technologische Entwicklung folgt dabei jedoch keinem Selbstzweck, sondern entspringt dem Interesse der Gesellschaft an einer Technologie. David Landes beschreibt dies treffend mit einem Vergleich zur mechanischen Uhr: „Es ist nicht die Uhr, die das Interesse für die Zeitmessung aufkommen ließ; es war das Interesse für die Zeitmessung, das zur Erfindung der Uhr geführt hat."(Debray 2003: S. 69 f.).Mit jeder neuen Entwicklung ändern sich die Aufgaben und die Bedeutung der bereits existierenden Medien. „Neue" und „alte" Medien konkurrieren zunächst miteinander, bis sich nach einiger Zeit eine neue Ordnung eingestellt hat.

Ein Beispiel für den Einfluss der „neuen" Medien auf die vorhandenen stellt die von Craig Newmark entwickelte Webseite dar, die als Mailliste startete und zunächst nur lokale Klein- und Eventanzeigen in San Francisco und Umgebung veröffentlichte. Schnell gewann die Plattform auch überregional auf dem Kleinanzeigenmarkt an Bedeutung und fungierte so als Vorgänger von ebay. Damit legte die sogenannte Craigslist den Grundstein für eine Neuordnung des Kleinanzeigenmarktes respektive der klassischen Print-Anzeigenblätter und nahm Einfluss auf das Kaufverhalten innerhalb der Consumer-to-Consumer-Interaktion (vgl. Mac). Es lässt sich jedoch auch eine gegenläufige Entwicklung feststellen. Im Zeitalter des Internets nutzen die klassischen Medien wie Print, Fernsehen und Radio diese Entwicklung, um ihr Angebot zu erweitern, neue Distributionswege zu finden und damit die Anzahl ihrer Rezipienten zu steigern. Primärmedium bleibt bei dieser Erweiterung jedoch immer das „alte" Medium (vgl. Löffelholz 2004: S. 21 ff.).Zusammenfassend lässt sich feststellen, dass die Entwicklung neuer Medientechnologien in Abhängigkeit zu den bereits vorhandenen Medien, dem Rezeptionsverhalten, den politischen Regelungen und der Wirtschaft entsteht und sich selbst vorantreibt.

Kommunikation wandelte sich unter der Zuhilfenahme der Technologien von der zeit- und ortsabhängigen Unterhaltung von Mensch zu Mensch über eine ortsunabhängige Kommunikation mittels Telefon zu einer von beiden Komponenten unabhängigen Interaktion zwischen den Menschen. Diese Entwicklung von der persönlichen zur unpersönlichen Unterhaltung ist dabei eine Begleiterscheinung der Digitalisierung sowie der Globalisierung und treibt diese voran. Nie zuvor war es durch moderne Technologien so einfach, einen Kontakt zu einem Menschen aufzubauen und zu pflegen, der nicht in räumlicher Nähe zum Sender wohnt. In einem nächsten Entwicklungsschritt wird sich das Empfängerspektrum dieser digitalen Kommunikation hin zu Maschinen und Bots erweitern. Erste entsprechende Tools sind in den vergangenen Jahren bereits auf den Markt gekommen. Diese digitalen Empfänger steuern andere Maschinen des täglichen Lebens, wie zum Beispiel das Licht, oder erinnern den Nutzer daran, beispielsweise andere Essgewohnheiten einzunehmen.

Die Entwicklung des Internets bildet für diese Veränderung der Kommunikation die Grundlage und blickt auf eine knapp 30-jährige Geschichte zurück. Sie begann mit der Verbindung von PC zu PC im Jahr 1989, wodurch Tim Berners-Lee die Basis für das World Wide Web legte (vgl. Segal). Damals war noch nicht abzusehen, welchen Einfluss diese Entwicklung haben wird. Das sogenannte „Web 1.0" bot die Möglichkeit, Informationen vonseiten eines Unternehmen an den Konsumenten als Monolog zu verbreiten, und stellt damit die Anwendung des Kommunikationsmodells nach Weaver dar. Das Internet entwickelte sich über neue Anwendungen zum digitalen Meinungsaustausch unter den Nutzern des dann entstehenden „Web 2.0" zu einem sozialen Netzwerk, in dem ein Wandel von der monologischen Information hin zum Erfahrungsaustausch von vielen stattfand. Diese Entwicklung bezeichnet einen Demokratisierungsprozess durch die Verlagerung der Mächte. Neuerscheinungen werden von Kunden mitentwickelt, das Internet wird zum Markforschungsinstrument und erleichtert unter anderem die Krisenkommunikation. Mit der Erforschung des Internets für mobile Endgeräte und dem daraus entstehenden „Web 3.0" setzte sich diese Entwicklung fort. Jeder Nutzer kann nun zu jeder Zeit in die Kommunikation eingreifen und somit selbst zum Sender werden. Im Jahr 2017 sind 30 Prozent aller Internetnutzer in Deutschland täglich mit dem Handy online, um Audio- oder Videoinhalte abzurufen oder via Instantmessaging in Kontakt zu bleiben (vgl. Koch). Durch die stete online Verfügbarkeit der Inhalte steigt der Trend zur Dematerialisierung. Im aktuellen Status des Internets der Dinge (Web 4.0) kommunizieren Objekte unabhängig vom Menschen mittels des Internets selbstständig miteinander (vgl. Frauenhofer Gesellschaft). Grundlage dafür ist die Entwicklung der RFID-Technologie, durch die Waren und Geräte nicht nur eine eigene Identität in Form eines Codes erhalten, sondern auch Zustände erfassen und Aktionen ausführen können (vgl. ebd.).

Hervorgerufen durch den technologischen Fortschritt und die ständige als auch mobile Verfügbarkeit des Internets in hoher Bandbreite wandelte sich die Informationsbeschaffung und -verbreitung. Jeder Nutzer, mit einem entsprechenden Endgerät, ist in der Lage, Bild- und Videoinhalte zu produzieren und für eine breite Öffentlichkeit zur Verfügung zu stellen. Damit wird jeder Nutzer zum Sender eigener Medieninhalte. Dies bewirkt auch die Abkehr vom klassischen Sender-Empfänger-Kommunikationsmodell nach Weaver (vgl. Weaver 1949). In diesem wurde noch postuliert, dass jeder Inhalt eines spezifischen Senders seinen entsprechenden Empfänger erreicht. Auch für die Bürgeransprache von Kommunen ergibt sich durch diesen Wandel die Notwendigkeit, sich durch Qualität, Innovation und exakte Information von der Informationsflut in der modernen Kommunikation abzuheben. Dafür müssen neue Wege in der Kommunikationsverbreitung gegangen werden.

3. Definition innovative Medientechnologien

Innovative Medientechnologien, wie sie diese Abhandlung versteht, setzen sich aus Drohnenvideos, 360-Grad-Fotos, 360-Grad-Videos und Videos mit VR-Anteil zusammen. Die Medientechnologien unterliegen einem steten Wandel, sodass aktuell neue Technologien bereits demnächst veraltet sein können und von anderen ersetzt werden.

Drohnenaufnahmen sind diejenigen Bilder oder Videos, die mittels eines Multicopters, also einer Drohne aufgenommen werden. Diese Aufnahmen bieten dem Zuschauer durch die ungewöhnlichen Perspektiven neue Ansichten von bekannten Objekten und können so neue Blickwinkel in ansprechenden Bewegungen umsetzen.

VR, also Virtuelle Realität, definiert sich grundsätzlich als eine in Echtzeit durch Computergrafik erzeugte Umgebung, die multisensorisch umgesetzt wird und für den Rezipienten interaktiv ist (Dörner 2013: S. 13). Zentrale Begriffe sind dabei Immersion und Presence. Das Eintauchen in das Geschehen stellt die Immersion als objektive Komponente dar und kann technisch über die Variation der Bildschirmgröße angepasst werden. Der Begriff Presence bezieht das Erleben des Rezipienten ein. Es ist subjektiv und kann davon beeinflusst werden (vgl. Kölling). Durch VR wird zum Beispiel ein Computerspiel erlebbarer gemacht. Um VR-Inhalte zu betrachten, wird eine spezielle Brille benötigt. Sogenannte Head Mounted Displays arbeiten mit zwei verschiedenen Technologien. Bei der einen wird ein Handy in ein Cardboard oder VR-Brille gesteckt, um so die Bilder mittels Handy anzuzeigen. Bei der zweiten Variante wird die Brille direkt mit dem Computer verbunden. Dabei handelt es sich um einen am Kopf des Rezipienten angebrachten Bildschirm – meist eine Brille oder ein Helm –, der über zusätzliche Sensoren verfügt, um beispielsweise Bewegungen in das Bild zu integrieren (Dörner 2013: S. 142). Virtual Reality besteht aus verschiedenen 3D-Objekten, wodurch der Nutzer mit der Umgebung und den virtuellen Objekten interagieren kann und ein intensiveres Erlebnis als bei 360-Grad-Videos erzeugt wird. Verwendung findet VR demnach vorrangig in Computerspielen und zum Teil auch in der Therapie, wie zum Beispiel der Konfrontationstherapie, bei der sich die Betroffenen bewusst ihrer Angst aussetzen (vgl. Goldman).

360-Grad-Videos sind Bewegtbildfilme, die einen Rundumblick in einer vorher gefilmten realen Welt ermöglichen. Um 360-Grad-Videos zu betrachten, benötigt der Rezipient ein HMD oder kann die Inhalte über ein Magic Window abrufen. Bei letzterem Verfahren wird keine VR-Brille benötigt, sondern der Rezipient begutachtet den Inhalt in einem Fenster auf seinem Bildschirm und hat die Möglichkeit, durch die Maus die Blickrichtung anzupassen. Durch das Ausblenden der realen Welt wird das Eintauchen in die virtuelle Welt, also die Immersion, ermöglicht (vgl. Wortberg). 360-Grad-Videos limitieren allerdings die Interaktionsmöglichkeiten, da der Rezipient keinen Einfluss auf die festgelegte Kameraposition hat. Zur Aufnahme der Videodateien wird entweder eine spezielle Kamera benötigt, die mehrere Optiken besitzt, oder ein Rig, in dem mehrere Kameras angebracht sind und die später mittels einer bestimmten Software gestitcht, also zu einem 360-Grad-Video zusammengesetzt werden müssen. Die Anzahl der Kameras regelt dabei die Qualität des Endprodukts. Derzeit werden bis zu 16 Kameras verbaut. Hinsichtlich der Kommunikation von Inhalten zeigt sich hierbei eine Abkehr des klassischen Framings hin zu einem neuen Storytelling anhand von Point of Interest wie dies Jessica Brillhart beschreibt.

Die Kreise in Abbildung 1 zeigen die jeweiligen Welten beziehungsweise Szenen. Der weiße Punkt beschreibt den Beginn der Bewegung eines POI bis hin zu dessen Endpunkt (schwarz). Im nächsten Bild sollte der Endpunkt des vorangegangenen Bildes mit dem Startpunkt übereinstimmen (vgl. Brillhart).

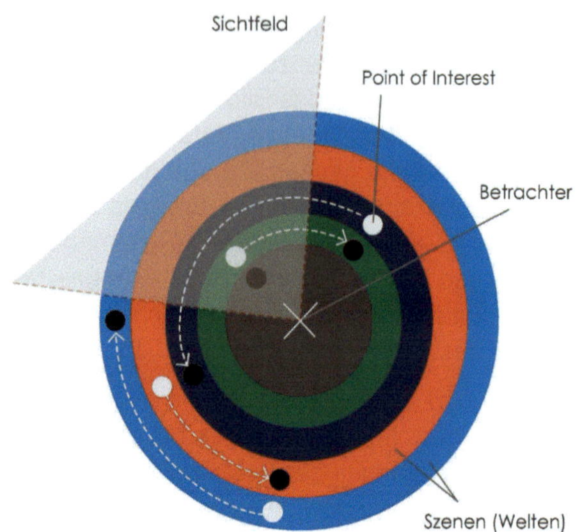

Abb. 1: Eine neue Art des Storytelling: Hero's Journey (vgl. Brillhart)

4. Einzelne Forschungen

An der Hochschule Mittweida wurden im Rahmen des Projektes Innovative Ansätze zur Lösung gesellschaftlicher Wandlungsprozesse – Teilprojekt 2 – Crossmediale Medienwirkungsforschung seit 2015 im Rahmen einer kommunalen Kommunikation im Raum Mittweida mehrere Versuche mit technologischem Hintergrund zu den beschriebenen Medientechnologien durchgeführt. Im Folgenden werden zentrale Ergebnisse dieser Arbeit vorgestellt.

4.1 Innovative Technologien in der kommunalen Kommunikation

Für eine erste Untersuchung erfasste die Forschergruppe sämtliche klassischen Bild- und Fotobeiträge als auch 360-Grad-Fotografien sowie den Bereich Bewegtbild mit herkömmlichen Videobeiträgen sowie Drohnenflügen und 360-Grad-Videobeiträgen auf der Facebook-Seite der Zukunftsstadt Mittweida.

Für alle kommunizierten Inhalte wertete die Forschungsgruppe die Reichweite der Kommunikation und die stattgefundene Interaktion aus. Neben der inhaltlichen Komponente wirkten das Artencluster

46

und die Beitragsart auf die zu analysierenden Parameter ein. Das Artencluster beschreibt hierbei die Einordnung der Beiträge als „Information" oder „Emotion". Die Beitragsart definierte sich als YouTube-Link auf Facebook oder als eine direkte Veröffentlichung der Inhalte in dem sozialen Netzwerk Facebook. Um die Daten valide und vergleichbar zu halten, wurden die Zugriffszahlen jeweils eine Woche nach der Veröffentlichung der Beiträge erfasst und nach Abschluss der Phase mit den anderen Beiträge der jeweiligen Kategorie verglichen. Der Zeitraum von sieben Tagen umfasst die Wertzeit im Online-Bereich, Zugriffe erfolgen demnach in diesem Zeitraum, danach sind in der Regel keine Aufrufe mehr zu verzeichnen. Die hier angewandte Forschungsmethode war die beobachtende Analyse. Mittels dieser sollte ein möglicher Zusammenhang zwischen erhöhter Reichweite und Interaktion mit der Produktionstechnik hergestellt werden.

Die Analyse der publizierten Bild- und Videoinhalte auf der Facebook-Seite sowie dem YouTube-Kanal der Zukunftsstadt Mittweida ergab eine deutliche Steigerung in der Reichweite und eine erhöhte Interaktionsrate bei Medieninhalten, die mittels neuer Technologien produziert wurden. Diese Entwicklung beschreibt das große Potenzial für die Kommunen, um deren Inhalte möglichst effektiv zu verbreiten und dadurch mehr Bürger zu erreichen sowie das vorhandene Dialogpotenzial auszuschöpfen (vgl. Zukunftsstadt Mittweida). Hieraus ergeben sich wichtige Handlungsschritte für eine zukünftige kommunale Kommunikation. Erhebungsende der Daten war der 31. Oktober 2016.

4.1.1 Ergebnisse der Kommunikation auf der Facebook-Seite der Zukunftsstadt Mittweida

Im Forschungszeitraum wurden insgesamt 158 Beiträge, von denen 38 als Bild- oder Videoinhalt definiert wurden, veröffentlicht. Diese Beiträge gliedern sich in 23 Fotobeiträge, vier 360-Grad-Fotos, acht Videos und drei Drohnenvideos. In Relation zu den veröffentlichten Inhalten auf der Facebook-Seite ergeben sich folgende prozentualen Anteile an der Gesamtkommunikation: Foto 14,6 Prozent, 360-Grad-Fotos 2,5 Prozent, Video 5,1 Prozent und für Drohnenvideos

1,9 Prozent (vgl. Stadtverwaltung Mittweida). Bei der Analyse innerhalb von Facebook wurden alle Beiträge der jeweiligen Kategorie erfasst, um eine Vergleichbarkeit als auch Validität zu gewährleisten. Wie in der Abbildung 2 erkennbar ist, erreichten sowohl die 360-Grad-Fotos als auch die Drohnenvideos eine höhere Reichweite. Die prozentuale Anzahl der Reichweite erhöhte sich im Bereich der Fotografie um rund 50 Prozent und bei den Videobeiträgen um 135 Prozent (vgl. ebd.). Dies belegt, dass Medieninhalte, welche mithilfe innovativer Medientechnologien produziert wurden, mehr Bürgerinnen und Bürger erreichten als herkömmlicher Content. Im Hinblick auf die Interaktion zeigt sich ebenfalls eine deutliche Steigerung der Gefällt-mir-Angaben, der Kommentare und der geteilten Inhalte für die 360-Grad-Fotografien und die Drohnenvideos. Ein Grund hierfür kann vor allem in den neuen Blickwinkeln und den ungewohnten Ansichten auf bekannte Orte vermutet werden, die dazu führen, dass ein gesteigertes Interesse besteht und die Rezipienten zur Interaktion angeregt werden. Folglich wird die These gestützt, dass Inhalte, die effektiver kommuniziert werden sollen und somit sowohl eine höhere Reichweite als auch eine erhöhte

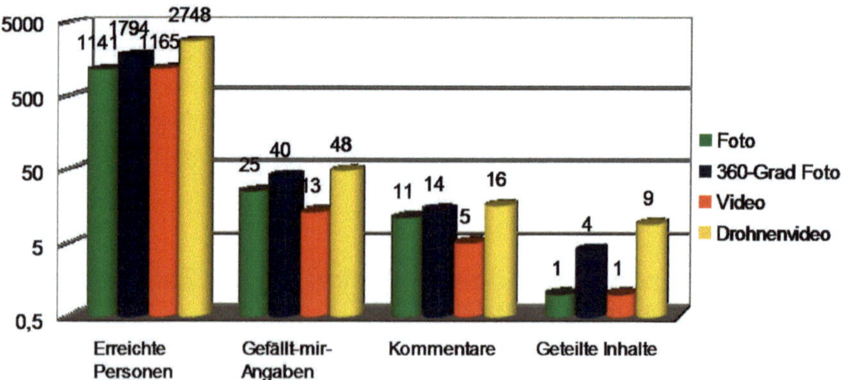

Interaktionsrate aufweisen, mittels neuartiger Technologie hergestellt werden müssen.

Abb. 2: Durchschnittliche Reichweite und Interaktion pro Beitrag auf der Zukunftsstadt-Facebook-Seite im Zeitraum 1. April – 31. Oktober 2016, Quelle: eigene Darstellung

Bei der Analyse der Einbettung des Videos als Link oder als Facebook-Video ergeben sich durchschnittliche Reichweiten bei der Link-Einbettung (sechs Beiträge) von 648 erreichten Personen und bei der direkten Veröffentlichung bei Facebook (fünf Beiträge) von 2219 Rezipienten. Es zeigt sich, dass die Reichweite stark ansteigt, wenn Inhalte direkt bei Facebook hinzugefügt werden. Dies scheint durch den internen Facebook-Algorithmus bedingt zu sein, der eine erhöhte Sichtbarkeit für direkt veröffentlichte Inhalte im Newsfeed generiert.

4.1.2 Ergebnisse der Video-Kommunikation auf dem YouTube-Kanal

Auf dem YouTube-Kanal wurden innerhalb des Betrachtungszeitraumes acht Videos und vier Drohnenvideos veröffentlicht. Diese wurden auch auf der Facebook-Seite der Zukunftsstadt Mittweida geteilt. Eine Abweichung bei den Drohnenvideos ergibt sich daraus, dass der für eine Kooperation mit der Freien Presse erstellte Beitrag „Baustellen in Mittweida" bereits vor der Veröffentlichung von der Facebook-Seite „Mein Mittweede" geteilt wurde und somit eine weitere Veröffentlichung ausgeschlossen wurde. Im Durchschnitt erreichten die klassischen Videobeiträge 100 Personen und die Drohnenvideos 150 Personen (vgl. Stadtverwaltung Mittweida b).Neben der höheren Reichweite bei YouTube steigerte sich mit dem Einsatz von innovativen Technologien ebenfalls die Betrachtungszeit der einzelnen Videos. Lag diese bei herkömmlichen Videos noch bei 48 Prozent, verlängerte sich die Dauer bei Drohnenvideos auf 67 Prozent. Daraus ergibt sich eine erhöhte und zeitlich verlängerte Sichtbarkeit der jeweiligen Drohnenvideos, die im Vergleich zu normalen Videos ungewohnte Einblicke boten (vgl. ebd).

4.1.3 Fazit

Die Untersuchungsergebnisse zeigen eine deutlich gesteigerte Reichweite, Interaktion und Verweildauer bei mithilfe von innovativen Medientechnologien produziertem Bild- und Videomaterial. Dies lässt sich aktuell auf die geringe Anzahl dieser Medieninhalte und dem daraus resultierenden neuen Blickwinkel zurückführen. Da diese Inhalte beispielsweise für Facebook noch sehr neuartig sind, ist zu vermuten, dass sie häufiger durch den internen Algorithmus von Facebook im Newsfeed potenzieller Rezipienten angezeigt werden, was zu einer erhöhten Sichtbarkeit der Medieninhalte führt. Es ist jedoch anzunehmen, dass mit einer steigenden Anzahl von innovativ produzierten Inhalten der Algorithmus entsprechend angepasst wird und dadurch das kanalinterne Hervorheben unterbunden wird. Ferner steht die Annahme, dass durch den technologischen Fortschritt binnen der nächsten Jahre die 360-Grad-Fotografien und Drohnenvideos von neuen Technologien überholt werden respektive sich der Anwendungsbereich der Technologien wandelt.

Falls die Ergebnisse von der Erwartung abweichen, gilt es herauszufinden, welche Ursachen dem zugrunde liegen. Sollte sich die Vermutung bestätigen, dass mit 360-Grad-Videos mehr Informationen aufgenommen werden können, kann die VR-Technik zum Beispiel in Schulen als eine innovative Lernmethode eingesetzt werden. Weiterhin würde dies nicht nur die reine Informationsaufnahme steigern, sondern ebenso würden die Informationen erlebnisreicher wahrgenommen und der Lernspaß somit gesteigert werden. Außerdem ist eine Ausweitung des Destinationsmarketings durch 360-Grad-Videos denkbar, um eine Stadt für Touristen attraktiv zu halten. Über den Vergleich der beiden Betrachtungsweisen (VR-Brille und Magic Window) lassen sich zudem Schlüsse ziehen, über welche Kanäle eventuelle Videos ausgespielt werden können.

4.2 Experiment der Emotionalisierung durch 360-Grad-Videos

Die zweite Untersuchung thematisierte die Auswirkung technologischer Neuheiten auf die Informationsvermittlung und das Kommunikationsverhalten der Rezipienten. Mittels 360-Grad-Videos untersuchte die Gruppe den Einfluss der Emotionalisierung der Rezipienten im Hinblick auf deren Aktivierung und Teilhabe am Inhalt als auch die Möglichkeiten eines Stadtmarketings im Bereich der virtuellen Realität. Beide Analysen visieren den Einsatz von 360-Grad-Videos im Bereich der kommunalen Kommunikation an. In der Gesamtheit betrachtet die Forschung die Sichtbarkeit, die Aufmerksamkeit und die Verweilzeit der Rezipienten bei verschiedenen Elementen im Social Media und während der Experimente in einer Laborumgebung. Dabei wird die Kommunikation komplexer Themen auf kommunaler Ebene anhand der Wirkung von 360-Grad-Medien auf den Rezipienten anhand der Kernbegriffe Immersion und Presence qualitativ analysiert (vgl. Kölling).

4.2.1 Forschungsdesign

Zur Erforschung und wissenschaftlichen Einordnung der beiden Variablen wurde Probanden in einer Laborumgebung einerseits ein Video als 360-Grad-YouTube-Video („Magic Window"; also niedrigere Immersion) an einem 15-Zoll-Laptop und andererseits als 360-Grad-Video mittels VR-Brille (höhere Immersion) gezeigt. Thematischer Inhalt der Versuchsreihe war dabei ein komplexes Thema im Stadtumfeld von Mittweida. Daraus hat sich als Untersuchungsgrundlage eine theoretische Verkehrsberuhigung der Haupteinkaufsstraße (Rochlitzer Straße) in Mittweida herausgestellt. Nach dem Konsum des 360-Grad-Videos schloss sich eine Befragung an, die das Erleben innerhalb des Experimentes erfasste. Das Experiment untersuchte dabei die Tiefe des Eintauchens in das Thema in Abhängigkeit von Vorkenntnissen, Pre-Kontakt mit der 360-Grad-Technologie und dem allgemeinen Interesse an der Thematik. Hierbei gilt die These, dass ein hohes Interesse oder eine gesteigerte Bereitschaft zur Rezeption die Immersion steigern und ein erhöhtes Gefühl des Eintauchens in das Geschehen erzeugen (vgl. nextMedia Hamburg).

Um die Untersuchung vergleichbar zu machen, veranschaulicht das folgende Kategoriensystem den Forschungsaufbau. Die erste Kategorie Exposition wird über die Methode des Interviews erfasst und gibt Auskunft darüber, inwieweit sich der Proband bereits vor dem Experiment mit der Thematik beschäftigt hat, das heißt, ob einerseits eine Nutzung von 360-Grad-Videos stattfand und andererseits, welchen Weg der Informationsbeschaffung der Proband aktuell nutzt oder zukünftig plant. Über das zweite Kategoriensystem lässt sich das Hineinversetzen mittels der Immersion, der Präsenz und der Barrieren oder Begünstigungen der Präsenz ermitteln. Die Kategorie Wirkung beschreibt die Einstellung zur Thematik nach dem Konsum, die Emotion während des Experimentes, die Empathie, aber auch die Annahme der dargebotenen Technologie. Die letzte Kategorie der Selbstverständlichkeit wird als einzige über die Beobachtung erfasst und stellt dabei eine wichtige Quelle für den Umgang und die Bedienbarkeit der Technologie dar. Ziel des Experimentes ist es, den Umgang mit der Technologie, die Bedienbarkeit, die Alltagstauglichkeit und das Eintauchen der Rezipienten zu erforschen. Der Laborversuch ermittelt die Ergebnisse sowohl aus der Beobachtung der Probanden als auch aus den Antworten des Interviews.

4.2.2 Ergebnisse

Im Vorfeld der Analyse wurde auf lokalen Veranstaltungen eine Umfrage zum Thema 360-Grad-Fotografie durchgeführt. Daraus ging hervor, dass 41,3 Prozent der 65 befragten Personen bereits Erfahrungen mit der Thematik gesammelt haben. Aussagen zum bereits existierenden Kontakt zu 360-Grad-Videoinhalten gehen aus dieser Umfrage nicht hervor.

Die Laboruntersuchung zur 360-Grad-Videografie fand im Januar 2017 statt, insgesamt nahmen daran acht Personen teil. Darunter befanden sich sechs männliche und zwei weibliche Teilnehmer in der Altersspanne von 23 bis 62 Jahren. Der Altersdurchschnitt lag bei 45 Jahren, die Probanden waren gleichmäßig auf die beiden Teilgruppen verteilt. Im Hinblick auf das bisherige Nutzungsverhalten von 360-Grad-Videos stellt sich heraus, dass die Hälfte davon bereits erste Erfahrungen sammeln konnte, zwei von diesem Bereich kamen bereits mit einem HMD in Kontakt und die anderen beiden mit Magic Window. Die Berührung fand über den projektinternen Facebook-Kanal und Google StreetView statt. Zwei Probanden aus jeder Gruppe empfanden den Vergleich zwischen realer und virtueller Welt als nicht zufriedenstellend. Die Eingewöhnungszeit in der HMD-Gruppe lag dabei höher als in der Magic-Window-Gruppe. Hinsichtlich der Immersion und Präsenz ergab das Experiment, dass die subjektiv als geringer eingeschätzte Qualität der

HMD-Gruppe die Immersion behindert. Bei der Gruppe, die das Magic Window nutzte, verhinderten fehlende Wahrnehmungskanäle das intensive Eintauchen. Generell gesehen ist die Immersion bei HMDs höher als bei Magic Window. Die bereits vorhandene Ortskenntnis unterstützt das Erleben der Probanden.

Bei der Nutzung der Technik ergab sich mit 200 Grad ein geringerer Betrachtungswinkel bei den Probanden, die ein HMD nutzten, als bei der Vergleichsgruppe, die im Gegensatz dazu die kompletten 360 Grad ansah. Generell ist die Verwendung der Technologien noch als nicht intuitiv und selbsterklärend einzuschätzen, sodass in beiden Gruppen bei den Probanden das Gefühl entstand, etwas zu verpassen. Dies führte unter anderem zur Überforderung der Probanden. Ein durch das Video führender Moderator könnte dieses Problem beheben. Hinsichtlich der Forschungsfrage ergab sich eine höhere Empathie durch ein verbessertes Einfühlen und Eintauchen in die generelle Thematik als auch speziell ein Hineindenken als direkt betroffener Händler dieser umgestalteten Straße. Trotz der derzeit noch vorhandenen technischen Barrieren und negativen Begleiterscheinungen, wie die Motion Sickness, ist die Technologie in der Lage, komplexe Inhalte an die Rezipienten zu vermitteln, solange eine Einweisung in die Technik und Handlungsempfehlungen gegeben werden.

4.3 Experiment zur Informationsaufnahme in 360-Grad-Videos

Die dritte Analyse verglich die Informationsaufnahme zwischen einem klassischen 2D-Video und dem 360-Grad-Video. Die fortschreitende Digitalisierung eröffnet dabei neue Wege zur Informationsvermittlung und ermöglicht somit, das Verständnis von Bildung zu revolutionieren (vgl. Cornelsen Verlag). Eine dieser neuen digitalen Formen der Wissensvermittlung stellt das 360-Grad-Video dar. Dabei wird angenommen: Je mehr Sinne involviert sind, desto intensiver und nachhaltiger lässt sich das Wissen vermitteln. Die interaktive Umgebung wirkt sich dabei unterstützend auf den Lernprozess aus (vgl. Encarnação, Pöppel, Schipanski 1997: S. 98). Grundlegend wird hierbei vermutet, dass zum einen der Rezipient überfordert werden könnte, jedoch bei hohem Interesse und dem fehlenden Ablenkungsfaktor eine höhere Informationsaufnahme mit dem 360-Grad-Video erzeugt werden kann. 360-Grad-Videos bieten die Möglichkeit neuer Inhalte und gleichzeitig die Chance, fremde Orte und Zeiten anschaulich und begreiflich zu vermitteln (vgl. Anderson, Löffler 1994: S. 113).

4.3.1 Forschungsdesign

Um den Vergleich durchführen zu können, werden die Probanden in zwei Gruppen eingeteilt und jeder Gruppe ein unterschiedliches Video vorgeführt. Während die eine Gruppe ein herkömmliches 2D-Video erhält, betrachtet die andere den gleichen Inhalt mittels 360-Grad-Video. Mithilfe der Videos soll erforscht werden, ob Bürger wichtige und nützliche Inhalte einfacher und erlebnisreicher über 360-Grad-Videos erlernen können. Um den kurzfristig erfolgten Wissenszuwachs zu ermitteln, erhalten die Probanden vor und nach der Rezeption einen Fragebogen, welcher thematische Wissensfragen enthält. Die subjektive Befragung (Schweiger, Fahr 2013: S. 556) bedient sich daher geschlossener und offener Fragen, um sowohl die Vergleichbarkeit zu gewährleisten als auch die Bandbreite der Antwortmöglichkeiten abzudecken. Die Wissensfragen enthalten keine Antwortvorgaben, sondern verschiedene Bereiche, um sicheres Wissen oder Raten voneinander abzugrenzen. Anhand der Ergebnisse lässt sich der kurzfristige Wissenszuwachs und damit das Lernen ermitteln. Um die Erkenntnisse im Bereich des Stadtmarketings nutzbar zu machen, werden Handlungsempfehlungen aus der Analyse abgeleitet. Die zehn Probanden werden in zwei nahezu homogene Gruppen eingeteilt. Die erste Gruppe erhielt das Video zum Destinationsmarketing der Stadt Mittweida und der näheren Umgebung im üblichen 2D-Format. Die zweite Gruppe rezipierte die gleichen Inhalte im 360-Grad-Format, wobei die relevanten Informationen nicht im Visuellen, sondern in der auditiven Ebene untergebracht sind, das heißt, das 360-Grad-Video wirkt nicht primär auf die Informationsaufnahme ein. Die Untersuchung soll erste Erkenntnisse zu folgenden Thesen bereitstellen:

- Je höher die Immersion, desto mehr Informationen werden aufgenommen.
- Je interessierter der Rezipient an der Thematik ist, desto mehr Informationen nimmt er auf.
- Je geringer das Interesse an der Thematik, desto geringer die Bereitschaft, sich auf den Inhalt einzulassen, und desto geringer ist die Immersion und die Informationsaufnahme.

4.3.2 Ergebnisse

Insgesamt nahmen 14 Personen am Experiment teil, sodass jede Versuchsgruppe aus sieben Teilnehmern bestand. Alle Probanden wurden bestmöglich in die beiden Gruppen aufgeteilt, sodass die Altersstruktur in beiden Gruppen ähnlich gestaltet war. Aufgrund der geringen Teilnehmerzahl kann das Ergebnis trotz der gleichmäßigen Verteilung ungenau und nicht repräsentativ ausfallen. Hinsichtlich der Geschlechterverteilung ergab sich ein Ungleichgewicht, da insgesamt nur fünf weibliche Probanden an dem Experiment teilnahmen, dies entspricht einem Prozentsatz von 35. Um die Antworten analysier- und vergleichbar zu machen, ergeben sich drei gewählte Kategorien. Der „Durchschnitt der sicheren, richtigen Antworten" entspricht den richtigen Antworten unter den Antwortmöglichkeiten „Weiß ich" und „Schon einmal gehört". Die Kategorie „Durchschnitt der gewussten richtigen Antworten" spiegelt alle korrekten Antworten unter „Weiß ich" wieder. Hinter der Kategorie „Durchschnitt aller richtigen Antworten" verbergen sich alle richtigen Antworten bei „Weiß ich", „Schon einmal gehört" und „Ich muss raten" aus dem Fragebogen.

Abbildung 3 zeigt die Wissenszunahme der beiden Untersuchungsgruppen jeweils vor und nach der Rezeption des vorbereiteten Materials. Hieraus geht hervor, dass bei beiden Gruppen eine Zunahme des kurzzeitigen Wissens stattgefunden hat, jedoch die Vergleichsgruppe in allen Kategorien einen deutlich höheren – zum Teil auch doppelt so hohen – Wissenszuwachs als die 360-Grad-Video-Gruppe aufwies.

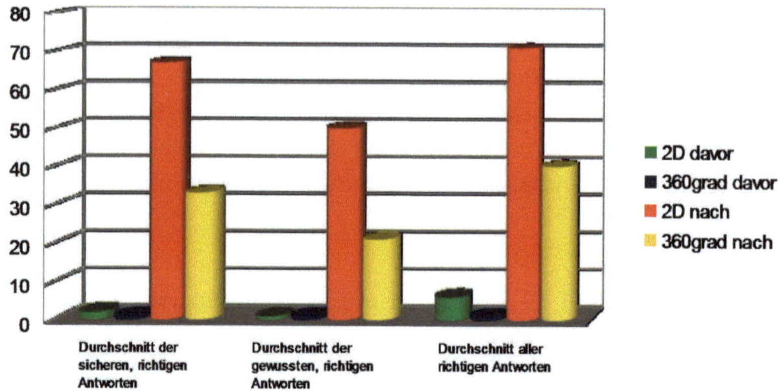

Abb. 3: *Gesamtwissen aller Probanden vor und nach der Rezeption, Quelle: eigene Darstellung.*

Aus der nachfolgenden Grafik geht klar hervor, dass die interessierten Probanden in der 360-Grad-Video-Gruppe in allen Kategorien mehr richtige Antworten gaben als die Nicht-Interessierten. Betrachtet man den Durchschnitt aller richtigen Antworten, wussten die nach eigenen Angaben Interessierten insgesamt 48 Prozent der Fragen, die Nicht-Interessierten hingegen nur knapp 31 Prozent. In der 2D-Gruppe sieht das Ergebnis anders aus, das Experiment ergab eine höhere Informationsaufnahme bei geringerem Interesse, hier wussten 75 Prozent aller Befragten insgesamt die richtige Antwort im Gegensatz zu 69 Prozent der Interessierten. Alles in allem spiegelt sich in Abbildung 4 der Einfluss des Interesses auf die Informationsaufnahme wider und zeigt, dass die Informationsaufnahme trotz hohem Interesse bei der 360-Grad-Video-Gruppe viel geringer ist als in der 2D-Gruppe. Das Interesse wirkt sich dabei geringer im 2D-Video aus als in der 360-Grad-Video-Gruppe.

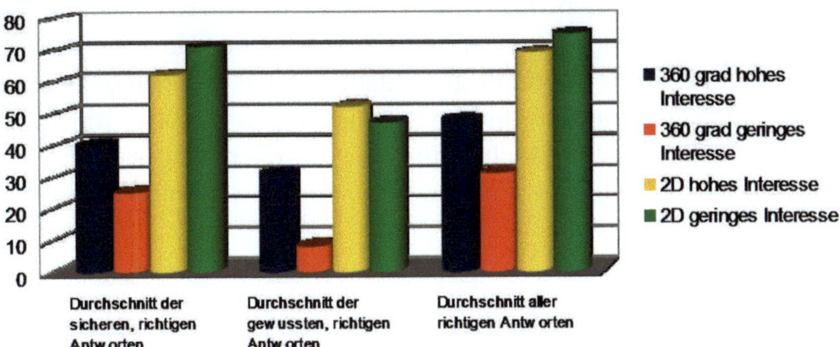

Abb. 4: *Informationsaufnahme hinsichtlich des Interesses zwischen den beiden Versuchsgruppen, eigene Darstellung*

4.3.3 Fazit

Das Experiment widerlegte die Annahme, dass 360-Grad-Videos eine höhere Informationsaufnahme als 2D-Videos kreieren. Dies lässt sich mit höherer Überforderung oder einer Ablenkung durch die neue und bis dahin vorher nicht verwendete Technologie erklären. Trotz der hohen Immersion trat kein erhöhter Wissenszuwachs im Vergleich zur Vergleichsgruppe auf, sodass die Ablenkung durch diese sich negativ auf die Informationsaufnahme auswirkte. Das Interesse der Probanden an der Thematik bewirkt in beiden Untersuchungsgruppen einen positiven Effekt hinsichtlich der Informationsaufnahme. Das Interesse wirkt sich jedoch nicht so stark aus, sodass die Vergleichsgruppe der 2D-Rezipienten in allen Bereichen einen höheren Wissenszuwachs aufwies. Auf der anderen Seite verringert ein geringeres Interesse die Informationsaufnahme, sodass nicht interessierte Rezipienten des 360-Grad-Videos deutlich weniger Informationen als interessierte Rezipienten eines 360-Grad-Videos oder 2D-Videos aufnehmen. Hinsichtlich des Alters ergab sich das Phänomen, dass ältere Rezipienten, die das 360-Grad-Video auch weniger erforschten, sich mehr Informationen merken konnten als Jüngere, die sich durch die Technologie ablenken ließen. Unterschiede zwischen den Geschlechtern traten keine auf.

Weiterführende Forschungen, in denen beispielsweise die Informationen nicht über den auditiven Kanal verbreitet oder in denen die

Informationen innerhalb des Videos versteckt werden, stellen eine sinnvolle Erweiterung dieser ersten Untersuchung dar. Des Weiteren können 360-Grad-Videos zur Festigung der bereits gelernten Inhalte eingesetzt werden, indem sie die Inhalte erlebbar machen. Bisher ist ebenfalls noch nicht erforscht, wie nachhaltig sich die Informationen im Gedächtnis halten oder ob das Learning Outcome nur kurzfristig ist.

5. Zusammenfassung

Aus den drei unterschiedlichen Untersuchungen geht hervor, dass moderne Technologien in der Lage sind, Informationen effektiv zu vermitteln und komplexe Inhalte durch ein in der Sache liegendes gesteigertes Interesse besser zu transportieren als normale standardisierte Inhalte. Je innovativer, unbekannter die Technologie oder je mehr Aktivität dem Rezipienten abverlangt wird, desto länger dauert die Eingewöhnungszeit und desto geringer ist auch die Informationsaufnahme. Mithilfe einer Moderation beziehungsweise Führung der Rezipienten innerhalb des Videos erhöhen sich die wahrgenommenen Inhalte und können so das Erleben intensivieren und eine aktive Auseinandersetzung mit der Thematik fördern. Neue Technologien sind dabei in der Lage, fremde bisher unbekannte Einblicke und Ansichten zu verdeutlichen und so neben dem gesteigerten Interesse auch eine erhöhte Auseinandersetzung und Interaktion mit den Inhalten herbeizuführen. Demnach sind die in den Analysen verwendeten Technologien in der Lage, die Kommunikationsziele zu erfüllen und sich an die veränderte Verhaltensweise der Menschen im Umgang mit Kommunikationsmitteln anzupassen. Um diesen Status quo der Kommunikation auch zukünftig zu erhalten, müssen sich die Technologien auch weiterhin an den Verhaltensweisen der Rezipienten orientieren und ständig mit neuen Blickwinkeln und seltenen Einblicken aufwarten, um weiterhin die Rezipienten zu erreichen.

Literaturangaben

[1] Anderson, Tim / Loeffler, Carl Eugene [Hrsg.]: The Virtual Reality Casebook, 1994, New York

[2] Debray, Regis: Einführung in die Mediologie, Bern, 2003

[3] Dörner, Ralf et al.[Hrsg.]: Virtual und Augmented Reality (VR / AR): Grundlagen und Methoden der Virtuellen und Augmentierten Realität, 2013, Berlin

[4] Encarnação, José / Pöppel, Ernst / Schipanski, Dagmar [Hrsg.]: Wirklichkeit versus Virtuelle Realität, Strategische Optionen, Chancen und Diffusionspotentiale, 1997, Baden-Baden

[5] Löffelholz, Martin: Theorien des Journalismus : ein diskursives Handbuch, 2., vollst. überarb. und erw. Aufl., 2004, Wiesbaden

[6] Schweiger, Wolfgang / Fahr, Andreas [Hrsg.]: Handbuch Medienwirkungsforschung, 2013, Wiesbaden

[7] Shannon, Claude E. / Weaver, Warren [Hrsg]: The mathematical theory of communication,1949, Urbana

Online-Ressourcen

[1] Brillhart, Jessica: In the Blink of a Mind—Attention, https://medium.com/the-language-of-vr/in-the-blink-of-a-mind-attention-1fdff60fa045, 05.02. 2016, (Letzter Zugriff am 24. Juni 2018)

[2] Cornelsen Verlag GmbH [Hrsg.]: Mit virtueller Realität in der Schule lernen, 26.07.2016, http://www.cornelsen.de/unternehmensinformationen/1.c.4330740.de (Letzter Zugriff am 24. Juni 2018)

[3] Frauenhofer Gesellschaft [Hrsg.]: FAQ zum Internet der Dinge, https://www.internet-der-dinge.de/de/potenziale/faq-zum-internet-der-dinge.html, 2018 (Letzter Zugriff am 24.06.2018)

[4] Goldman, André: Facebook 360: alles über das neue Video-Format, https://www.121watt.de/social-media/facebook-360/ (Letzter Zugriff am 24. Juni 2018)

[5] Koch, Wolfgang: Kernergebnisse der ARD/ZDF – Onlinestudie 2017, http://www.ard-zdf-onlinestudie.de/files/2017/Artikel/Kern-Ergebnisse_ARDZDF-Onlinestudie_2017.pdf, 11.10.2017 (Letzter Zugriff am 24.06.2018)

[6] Kölling, Michael [Hrsg.]: Website virtualbiz, http://virtualbiz.de/2015/11/immersion-und-praesenz-die-neuen-buzzwords (Letzter Zugriff am 14. Januar 2017)

[7] Mac, Ryan: Craig Newmark Founded Craigslist To Give Back, Now He's A Billionaire, https://www.forbes.com/sites/ryanmac/2017/05/03/how-does-craigslist-make-money/#3fa2651727b1, 03.05.2017 (Letzter Zugriff am 24.06.2018)

[8] nextMedia.Hamburg [Hrsg.]: Digitalmagazin Unified, Artikel: Im Interview: Daniel Bröckerhoff http://unified.nextmedia-hamburg.de/unified-6-virtual-reality#23571 (Letzter Zugriff am 14. August 2018)

[9] Segal, Ben: Internet prehistory at CERN, https://home.cern/cern-people/opinion/2014/04/internet-prehistory-cern, 10.04.2014 (Letzter Zugriff am 24.06.2018)

[10] Stadtverwaltung Mittweida [Hrsg.]: Website der Zukunftsstadt Mittweida, http://www.zukunftsstadt-mittweida.de (Letzter Zugriff am 12. 09.2017)

[10b] Stadtverwaltung Mittweida [Hrsg.]: YouTube-Kanal der Zukunftsstadt Mittweida, https://www.youtube.com/channel/UC9WzxJaEzlXxuKuO3dVkc-w (Letzter Zugriff 14. Januar 2017)

[11] Wortberg, Paul [Hrsg.]: Virtual Reality, 20.03.2016, http://www.360grad-kamera-check.de/virtual-reality/, (Letzter Zugriff 24. Juni 2018)

[12] Zukunftsstadt Mittweida [Hrsg.]: Mittweida ins Bild setzten, Veröffentlicht am 29. September 2016, http://www.zukunftsstadt-mittweida.de/portfolio/mittweida-ins-bild-setzen/ (Letzter Zugriff am 4. November 2015)

Bürgerbeteiligung in Zeiten von Citizen Science, Digitalisierung und DIY – Ein Erfahrungsbericht

Von Prof. Dr. Jan Schaaf, Dr. Tanja Korzer, Alena Endres

Abstract: Im Zuge der Digitalisierung erfahren neben formaler Beteiligung vermehrt Formate informeller Partizipationsprozesse zunehmende Aufmerksamkeit. Neue technische Tools und Ressourcen ermöglichen eine frühzeitige Einbindung breiter Bevölkerungsgruppen in den Planungsprozess, bei dem Bürger als Beobachter, Datenlieferanten, Aktivisten oder Entscheider fungieren. Trotz planerischer und verwaltungstechnischer Herausforderungen können breite Beteiligungsprozesse auf diese Weise einen erheblichen gesellschaftlichen, planerischen sowie monetären Mehrwert generieren. Die Citizen Science Bewegung geht hierbei davon aus, dass die Beteiligung zivilgesellschaftlicher Akteure im Stadtentwicklungsprozess eine wesentliche Rolle bei der Bewältigung aktueller Herausforderungen spielt und definiert drei Stufen öffentlicher Partizipation: contributory, collaborative und co-created projects. Wie sowohl Citizen Science Ansätze als auch klassische Beteiligungsformate in der Praxis durchgeführt werden, wird anhand von DIY-Konzepten in Österreich und Deutschland sowie crossmedialer Bürgerbeteiligung in der Stadt Mittweida aufgezeigt.

1. Wandel von Bürgerbeteiligung

Bürgerbeteiligungsprozesse haben in der Stadtentwicklung eine lange Tradition. Bereits 1969 entwickelte ARNSTEIN die „Ladder of Participation" (vgl. Arnstein, Sherry 1969). Zur gleichen Zeit forderte Willi Brandt in seiner Regierungserklärung „Wir wollen mehr Demokratie wagen [...]". Damit begann die Entwicklung eines vielfältigen Instrumentenkastens von Beteiligungsformaten (vgl. Selle, K. 2007), der bereits in den integrierten Stadtentwicklungsansätzen der ersten Stunde angewendet wurde. Nach einer Zwischenphase, die durch eher quantitativ, technisch orientierte, sektorale Konzepte gekennzeichnet war, kam es in den 1990er-Jahren unter veränderten Rahmenbedingungen zu einer Renaissance der integrierten Stadtentwicklungsplanung. Ausdruck davon sind die 2007 verabschiedete Leipzig Charta zur nachhaltigen europäischen Stadt und die Toledo Declaration der EU-Städtebauminister aus dem Jahr 2010, die das integrierte Verständnis von Stadtentwicklungsplanung auf europäischer Ebene definierten und bekräftigten.

Der fortschreitende Wandel im Planungsverständnis resultiert vor allem aus gesellschaftlichen sowie technologischen Entwicklungen und wird nach wie vor durch Anreize über die Städtebauförderung (national und europäisch) unterstützt. Dabei stehen zunehmend komplexe Themen, die in der Regel öffentlich-private Kooperationen beinhalten, im Mittelpunkt von Stadtentwicklungsprozessen. Das bedeutet, dass neben der Mitwirkung der Kommune nichtstaatliche und nichtkommunale Akteure wie Grundstückseigentümer, ansässige Unternehmen, Einzelhändler oder örtliche Vereine und Verbände sowie die Zivilgesellschaft als wesentliche Treiber der städtischen Entwicklung erkannt werden (Vgl. Foißner 2016: S.37 ff.). Die Mitwirkung der Zivilbevölkerung ist daher grade bei der Städtebauförderung nicht nur erforderlich, sondern sogar konstituierend für den Erfolg (vgl. ebd.: S. 45.).

Eine erfolgreiche Beteiligung stellt neben der kontinuierlichen und umfassenden Information der Bürgerinnen und Bürger allerdings noch weitere wesentliche Ansprüche an Politik und Verwaltung:

- klare Zieldefinition und ein transparenter Entscheidungsprozess
- (vgl. Bertelsmann Stiftung 2016: S.30 ff.)
- öffentlicher und ergebnisoffener Diskurs sowie verlässliche und verbindliche Regeln für Beteiligungsverfahren
- Einbindung aller sozialen und kulturellen Gruppen in den Prozess (vgl. Foißner 2016: S.40)

Vor diesem Hintergrund findet eine Vielzahl formeller (auf Basis rechtlicher Festsetzung, z. B. im BauGB) und informeller Beteiligungsformate (ohne spezifische Gesetzesgrundlage) Anwendung, die je nach Zweck und Ziel der Beteiligung ausgewählt bzw. kombiniert werden. Dabei erfahren ungeachtet des Stellenwertes der formalen Beteiligung zunehmend die Formate informeller Partizipationsprozesse eine besondere Aufmerksamkeit. Einerseits machen es die technischen Möglichkeiten im Zuge der Digitalisierung möglich, ein größeres Bevölkerungsspektrum anzusprechen. Andererseits zeigen die Erfahrungen der Vergangenheit mit teilw. gescheiterten bzw. positiven Beteiligungsprozessen, dass eine frühzeitige und überlegt eingesetzte Einbindung involvierter und betroffener Akteure Stadtentwicklungsprozesse unterstützen und beschleunigen kann.

Trotz dieser Erfahrungen werden aus Sicht der Bürgerinnen und Bürger /Akteure Verwaltungsabläufe oft als langwierig und intransparent empfunden. Demgegenüber ist es aus Sicht der Politik häufig schwierig, den Anspruch an die Mitwirkung der Bürgerinnen und Bürger bei stark divergierenden Interessen oder komplexen Aufgabenstellungen einzulösen. Die Verwaltung hingegen sieht die größte Herausforderung in der Bereitstellung zusätzlicher Ressourcen für die Betreuung der Beteiligungsgremien. Zudem besteht unabhängig von den Sichtweisen einzelner Akteursgruppen oft die Schwierigkeit, dass Ortskenntnis und Interesse der Bürgerinnen und Bürger nicht ausreichend für einen konstruktiven Beteiligungsprozess sind (vgl. ebd.: S.41).

Auch wenn breite Beteiligungsprozesse auf den ersten Blick einen Mehraufwand für die Politik, Verwaltung bzw. Investoren bedeuten, lässt sich oftmals ein erheblicher gesellschaftlicher, planerischer sowie monetärer Mehrwert generieren. Im Zuge der Digitalisierung entwickeln sich die Möglichkeiten von Beteiligungsprozessen und Ansprüche an diese weiter. SMART-CITY-Konzepte, Citizen-Science-Initiativen oder crossmediale Beteiligungsformate zeigen, dass durch digitalisierte Prozesse eine noch breitere sowie frühzeitigere Beteiligung aller relevanten Akteure möglich und nötig ist. Zunehmend wird der Bürgerinnen und Bürger als Beobachter, Datenlieferant, Aktivist oder Entscheider angesprochen (wie bspw. Smart-City-Projekte in Boston, Amsterdam, München etc.).

2. Bürgerbeteiligungsformate im Kontext von Citizen Science

Die Citizen-Science-Bewegung geht davon aus, dass die genannten Herausforderungen aktueller Stadtentwicklung nur durch die aktive Beteiligung zivilgesellschaftlicher Akteure, sogenannter Chance Agents, zu bewältigen sind. Daher nehmen Bürgerbeteiligungsverfahren im Rahmen der Citizen-Science-Bewegung eine zentrale Rolle bei der Etablierung neuer Forschungs- und Wissenschaftsansätze ein. Allerdings steht die Citizen-Science-Forschung noch am Beginn, weshalb die Einbindung dieser Ansätze nur punktuell erfolgt. Das heißt, es mangelt an übertragbaren Erkenntnissen, vor allem in Bezug darauf, wann welche Akteure der Zivilgesellschaft mit welchem Ziel partizipieren sollen.

Mit Blick auf die einzelnen Beteiligungsformate gilt es, zwischen Partizipationsprozessen mit unterschiedlichen Zielen und in verschiedenen Kontexten zu unterscheiden. Abbildung 1 soll zunächst verdeutlichen, welche verschiedenen Stufen der Partizipation es gibt und inwiefern sich die Beteiligungsformate im Kontext der Citizen-Science-Bewegung den klassischen Bürgerbeteiligungsebenen zuordnen lassen.

Die unterste Beteiligungsebene „Informieren" mit dem geringsten Grad der Mitwirkung ist ein reiner Top-Down-Ansatz und zielt lediglich darauf ab, den Bürgerinnen und Bürger informiert zu halten. Beispiele für dieses Verfahren sind Aushänge, Flyer, Informationsveranstaltungen oder öffentliche Einsichtnahmen. Die nächsthöhere Partizipationsstufe „Konsultieren" schließt neben der Information der Bevölkerung auch deren Feedback und Meinung zu Entwürfen oder Vorschlägen ein. Dies kann beispielsweise durch Befragungen, Interviews und Stellungnahmen oder mithilfe von öffentlichen Diskussionsveranstaltungen erfolgen.

Mit dem „Einbeziehen" der Bürgerinnen und Bürger geht die Auffassung einher, dass geäußerte Bedenken, Ideen oder Themen direkten Einfluss auf die Entwicklung und die Abwägung von Alternativen haben werden. Grundsätzlich werden die Präferenzen der Bürgerinnen und Bürger zwar hierbei berücksichtigt, jedoch bleibt die Entscheidung bei den Behörden. Bürgerversammlungen, Planungszellen sowie Online-Partizipation (siehe dazu auch BBSR 2017) stehen exemplarisch für diese Art der Partizipation.

Die Partizipationsstufe „Kooperieren" befähigt Bürgerinnen und Bürger zur Mitentscheidung an Projekten durch Formate wie Arbeitsgruppen, Mediation, World Cafés, Zukunftswerkstätten oder Runde Tische. Die höchste Stufe im Partizipationsprozess ist die „Ermächtigung". Dies bedeutet, dass letztendlich umgesetzt wird, was der Bürgerinnen und Bürger entscheidet. Dieser Bottom-up-Ansatz bietet Bürgerinnen und Bürger somit die Möglichkeit, Projekte in Selbstverwaltung durchzuführen (vgl. Bertelsmann Stiftung 2016: S.17–22).

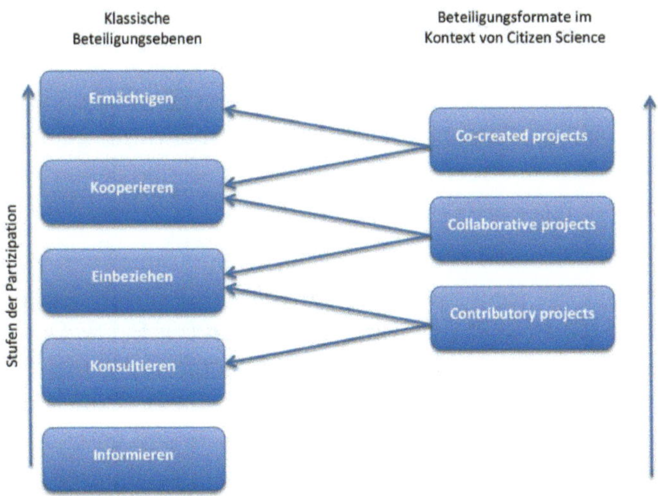

Abb. 1: *Einordnung der Beteiligungsformate im Kontext von Citizen Science in die klassischen Beteiligungsebenen (eigene Darstellung nach SELLE 2005 und BONNEY ET AL. 2009).*

Bonney et al. (vgl. Bonney et al. 2009: S.11) haben in Bezug auf den Citizen-Science-Ansatz drei Stufen der öffentlichen Partizipation identifiziert, die – wie bei Selle – ebenfalls nach der Beteiligungstiefe unterschieden werden: contributory, collaborative und co-created projects. Diese werden im Folgenden definiert und den klassischen Beteiligungsebenen nach Selle (vgl. Selle 2005) zugeordnet.

Contributory projects beschreiben ein eingeschränktes und sehr spezifisches Engagement der Bürgerinnen und Bürger. Sie sind eine erfolgreiche Art der Bürgerbeteiligung, um die Öffentlichkeit in wissenschaftliche Prozesse einzubeziehen, jedoch werden Beteiligte kaum in den gesamten Prozess integriert (vgl. Simon 2010: S.187). Die Beteiligung an der Datenerhebung von Forschungsprojekten ist ein weit verbreiteter Citizen-Science-Ansatz und gleichzeitig ein Beispiel für contributory projects. Er ist im Sinne von Selle zwischen „Konsultieren" und „Einbeziehen" einzuordnen, da die Zivilbevölkerung durch die Datenerhebung mehr als nur konsultiert wird, aber trotzdem nicht garantiert werden kann, dass die erhobenen Daten letztlich verwendet werden bzw. in Entscheidungen Berücksichtigung finden.

In collaborative projects sind Bürgerinnen und Bürger aktive Partner in der Gestaltung von Projekten. Die Idee stammt allerdings von einer Institution, die das Projekt kontrolliert. Aufgrund der Zusammenarbeit mit letztendlicher Entscheidungshoheit aufseiten der Institution sind collaborative projects sowohl der Stufe „Einbeziehen" als auch „Kooperieren" zuzuordnen.

Im Rahmen von co-created projects arbeiten Bürgerinnen und Bürger von Anfang an mit einer Institution zusammen und entscheiden gemeinsam über ein Projekt (vgl. Bonney et al. 2009: S.11). Damit erreicht diese Form nicht (ganz) die Beteiligungstiefe der Stufe „Ermächtigen" und ist somit zwischen den beiden höchsten Stufen der Partizipation nach Selle einzuordnen. Collaborative und co-created projects helfen Bürgerinnen und Bürgern dennoch dabei, ihre wissenschaftlichen Forschungsfähigkeiten weiterzuentwickeln, da sie aktiv in den Prozess eingebunden werden, nicht nur im Bereich der Datenerhebung und Beobachtung, sondern auch in die Analyse und Ausarbeitung der Forschungsmethode (vgl. Simon 2010: S. 187). Beispiele wie der Do-It-Yourself(DIY)-Ansatz sowie die in vorangegangenen Kapiteln beschriebene crossmediale Beteiligung im Rahmen der Leitbildentwicklung für die Stadt Mittweida zeigen im Folgenden, wie Citizen-Science-Ansätze und klassische Beteiligungsformate durchgeführt und weiterentwickelt werden können.

3. Neue Möglichkeiten der Bürgerbeteiligung durch Digitalisierung – Beispiele

Beispiel DIY:

Die Stadt Wien belegt seit Jahren Spitzenplätze bei Rankings der Städte mit der höchsten Lebensqualität (siehe bspw. Mercer 2018). Dabei spielen sicherlich viele Faktoren, wie bspw. das historische und kulturelle Erbe der Stadt, eine wesentliche Rolle. Aber auch das grundlegende DIY-Verständnis wird seinen Beitrag leisten. Die Devise der österreichischen Stadt lautet „Stadt selber machen" und unterstützt die Bewohner Wiens bei dem eigenen Mitgestalten von Straßen, Parks und Plätzen. Die Stadt wird schon lange nicht mehr ausschließlich von Planungsagenturen und Verwaltungen gestaltet. Bereits seit mehreren Jahrzehnten nehmen Wiener Einwohner aktiv an der Planung teil und werden dabei unterstützt von der sogenannten Gebietsbetreuung Stadterneuerung, kurz „GB", lokalen Experten für die jeweiligen Stadtteile. Markus Steinbichler, Initiator des Projekts, ist sich sicher, dass dieses DIY-Konzept auch auf andere Groß- und Kleinstädte übertragbar ist, sofern die Bewohner Unterstützung durch eine städtische Service-Einrichtung finden, um zunächst eine Sammlung wichtiger Kontakte von Ämtern und Behörden zu erstellen und so eine rechtliche Grundlage für die Umsetzung von Projekten zu schaffen (vgl. Resorti Blog 2017).

Auch in Deutschland sind bereits einzelne Varianten aktiver urbaner Mitgestaltung durch die Zivilbevölkerung bekannt. „Hack your City" ist eines der bekannteren Projekte, das im Jahr 2015 im Zuge des Wissenschaftsjahres Zukunftsstadt in Zusammenarbeit mit der Open Knowledge Foundation – einem gemeinnützigen Verein, der sich für offenes Wissen, offene Daten, Transparenz und Beteiligung einsetzt – erstmals in den vier Städten Berlin, Dortmund, Karlsruhe und Dresden organisiert wurde. Das Projekt ermöglicht Akteuren, in Kleingruppen Stadtprobleme zu lösen und Stadtvisionen zu realisieren. Ein spezieller Fokus liegt dabei auf dem Thema Citizen Science, was in diesem Zusammenhang meint, dass Bürgerinnen und Bürger mit lokalen Wissenschaftseinrichtungen kollaborieren, gemeinsam an Forschungsprojekten arbeiten, Daten crowdsourcen und nützliche Werkzeuge und digitale Anwendungen entwickeln. Als Projektauftakt finden sogenannte Citizen Science Hackdays statt, auf denen sich Akteure und Ideen finden können und bereits erste Prototypen entworfen werden. Im Anschluss werden Citizen Science Labs bzw. Stadtlabore gestartet, um die Prototypen in Arbeitsgruppen zu funktionierenden Anwendungen zu entwickeln. So versuchen Hobbyforscherinnen und Hobbyforscher Antworten zu finden auf Fragen wie:

- Wie sieht digitale Stadtplanung für Stadtquartiere zukünftig aus?
- Wie könnte eine intelligente Stadtquartiers-App gestaltet werden?
- Wie können wir die Stadt der Zukunft mit Energie versorgen?

Unterstützt wird das DIY-Projekt von Partnern wie Siemens, Wissenschaft im Dialog und ansässigen Universitäten. So konnten bereits Anwendungen wie das City Performance Tool für Köln entwickelt werden. Dieses besteht aus einem Set an Ideen, wie die Infrastruktur in Köln verbessert werden kann. Es basiert auf einer Straßenumfrage und stellt das Angebot der Kölner Verkehrsbetriebe sowie den Ausbau der Fahrradinfrastruktur in den Mittelpunkt (vgl. Hack your City) Yannick Haan, Mitarbeiter von Wissenschaft im Dialog, fasst zusammen, dass bei Hack your City „das Besondere ist, dass man wirklich etwas tut. Es geht nicht darum, lange über etwas zu reden, sondern es direkt anzupacken und zu machen, und am Ende soll ein Prototyp entstehen [...], mit dem man die Stadt verändern kann." (vgl. ebd.).

Beispiel Crossmedia:

Ähnlich der von SELLE definierten Partizipationsstufen teilt auch die Stadt Mittweida den crossmedialen Bürgerbeteiligungsprozess in die Stufen Informieren, Motivieren und Aktivieren ein (siehe Abb. 2).

Abb 2: *Crossmediale (Bürger-)Beteiligung – Informations-, Motivations- und Aktivierungsphase (vgl. Zukunftsstadt Mittweida. Mai 2016).*

Der gesamte Prozess startete mit der Definition der stadtentwicklungsplanerischen Meilensteine sowie der Zielstellung für die crossmedial begleitete Beteiligungskampagne. Die Erarbeitung eines einheitlichen CI für alle Dokumente und Werbematerialien gewährleistete die ganzheitliche Wahrnehmung des Prozesses in der Öffentlichkeit und ermöglichte durch den hohen Wiedererkennungswert die crossmediale Verknüpfung aller bedienten Kommunikationskanäle. Basierend auf einem Redaktionsplan zur möglichst breiten und umfassenden Information und Ansprache der Bürgerinnen und Bürger bzgl. der Entwicklung von Zukunftsideen/-visionen wurde eine große Bandbreite an Kommunikationskanälen genutzt (siehe auch Kapitel 1 und 2). Im Rahmen der Beteiligung erfolgte eine permanente Verknüpfung der crossmedialen Kanäle, wobei die Grenzen z.T. in dem Sinne verschwimmen, dass die verschiedenen Kanäle in den einzelnen Beteiligungsphasen in unterschiedlichen Intensitäten eingesetzt und somit Wirkungen nicht trennscharf einem Kanal zugeordnet werden können.Im Ergebnis ist festzustellen,

dass durch die crossmediale Kampagne eine breite Bevölkerungs-
schicht über das Zukunftsstadtprojekt informiert und darüber hinaus
motiviert werden konnte, eigene Ideen/Visionen für ein Mittweida
2030+ einzureichen. Über die City-Cards, die Flyer im Amtsblatt
sowie die Social-Media-Plattform Facebook wurden den Bürgerinnen und Bürgern folgende drei Fragen gestellt:

- Welche Orte und Themen sind Dir für die Zukunft in Mittweida
  wichtig?
- Wohin soll sich Mittweida im Jahr 2030 entwickeln?
- Wofür würdest Du Dich in Mittweida engagieren?

Aus den Rückläufen konnten wesentliche Themen für die folgenden
Schritte im Leitbildprozess identifiziert werden. Die gesammelten
Themen wurden in Vorbereitung auf das 1. Zukunftsforum geclustert
und bildeten das inhaltliche Gerüst der Veranstaltung, sowohl in den
Workshops als auch in der medial begleiteten Podiumsdiskussion.

Das erste Zukunftsforum startete nach einer Einführung dement-
sprechend mit drei Workshops:

- Workshop 1: Wie wollen wir in Zukunft zusammenleben?
- Workshop 2: Wie soll unsere Stadt im Jahr 2030 aussehen?
- Workshop 3: Wie wird sich die Wirtschaft vor Ort entwickeln?

Im Workshop „Wie wollen wir in Zukunft zusammenleben?" wurde
vornehmlich das soziale Miteinander und aus gegebenem Anlass
auch der Umgang mit Flüchtlingen thematisiert. Auffällig in den Gesprächen war die durchweg positive Grundstimmung in der Flüchtlingsdebatte. Ein Fokus lag aber auch auf der Kindererziehung und
Jugendarbeit, die in Zukunft besser ausgebaut werden muss. (siehe
Zukunftsstadt Mittweida Mai 2016).

Der zweite Workshop mit dem Schwerpunkt Städtebau und Stadtentwicklung widmete sich vor allem der geringen Attraktivität der Innenstadt, die durch viele leerstehende Geschäfte geprägt ist, und
des Weiteren der Erarbeitung eines Radwegekonzeptes über die
Stadtgrenzen hinaus. Die Bildung eines Gründerzentrums und damit
die Unterstützung von Gründungswilligen stand im Fokus des wirtschaftlich geprägten dritten Workshops. Es zeigte sich in den Work-

shops, dass die unmittelbare, persönliche Diskussion von den Bürgerinnen und Bürgern sehr gut angenommen wurde und die Themenauswahl, die wesentlichen Bedürfnisse der Bürgerinnen und Bürger aufgegriffen hat. Zum Ende der Workshops waren die Teilnehmer aufgefordert, ihre Ideen und Ansätze auf Stadtplänen zu verorten, sodass eine erste Identifizierung von Schwerpunkträumen erfolgen konnte. In der abschließenden Podiumsdiskussion des ersten Zukunftsforums wurden wesentliche Erkenntnisse aus den Workshops aufgegriffen und mit geladenen Schlüsselakteuren kritisch diskutiert. Während des Podiums bestand die Möglichkeit für Bürgerinnen und Bürger, Fragen direkt über Facebook oder 99drei Radio Mittweida an die Experten zu stellen. Die inhaltliche Ausgestaltung des zweiten Zukunftsforums am 25.01.2016 baute auf den Ergebnissen des ersten Forums und vertiefender Interviews auf. Nach einem Blick auf Best-Practice-Beispiele wie „Guten Morgen Eberswalde" und die Gründerinitiative der IHK Gera folgte mit den ca. 100 Teilnehmern eine vertiefende Diskussion in drei Workshops – Gründerklima, nachhaltige Infrastruktur und Bürgerinnen und Bürger ins Zentrum.

Mit dem zweiten Zukunftsforum konnten im Rahmen der dritten Beteiligungsphase erste Schritte zur Aktivierung der Akteure im Sinne der Untersetzung/Umsetzung ausgewählter Leitbild-Schlüsselthemen gegangen werden, z.B. durch eine aktive Wahrnehmung von Aufgaben bzw. Problemlagen, den Anstoß zivilgesellschaftlicher Vernetzung etc.

Die Zusammenfassung des gesamten Beteiligungsprozesses zu einem Leitbildentwurf erfolgte in einer dreitägigen, öffentlichen Leitbildwerkstatt in einem leerstehenden Ladengeschäft einer innerstädtischen Geschäftsstraße. Auch hier wurde die Arbeit durch die crossmediale Kommunikation in den Kanälen Social Media und Print begleitet. Der Abschluss des Prozesses erfolgte durch die Vorstellung des Leitbildentwurfes im Stadtrat.

4. Fazit

Im Ergebnis bleibt festzuhalten, dass Beteiligungsprozesse im Rahmen kommunaler Planungen und Vorhaben i.d.R. vielschichtig und nicht selten tendenziös sind. Das meint, dass situativ und/oder bezogen auf ein bestimmtes (Einzel-)Projekt oder Vorhaben immer wieder Beteiligungsprozesse mit unterschiedlichen Formaten initiiert und durchgeführt werden, ohne dabei eine übergeordnete Beteiligungsstrategie, die die Gesamtheit kommunaler Planungen und Strategien berücksichtigt, zu verfolgen. Dies ist schlichtweg ineffizient sowohl inhaltlich als auch in Bezug auf einzusetzende Ressourcen und die jeweils notwendige Aktivierung zu beteiligender Akteuren.Mithin scheint es dringlich angezeigt, neue Formen und zeitgemäße Strukturen der Beteiligung in Kommunen zu etablieren, die eine durchgehende Kommunikation mit den Bürgerinnen und Bürger ermöglichen und damit die Voraussetzungen schaffen für eine Beteiligung aller relevanten Akteure (Vertreter der Verwaltung/Politik und Wirtschaft als auch die Bürgerinnen und Bürger) gewährleistet und eine neue, veränderte Beteiligungskultur erzeugt. Dies haben die Projekterfahrungen im Rahmen des BMBF-Wettbewerbs Zukunftsstadt (Projekttitel „Stadtentwicklung crossmedial – Bürgervisionen für ein Leitbild Mittweida 2030+") deutlich gezeigt. Durch die explizite Hinzuziehung eines crossmedialen Instrumentenkastens, der den aktuellen Mediennutzungen und -neigungen sowie der demografischen Entwicklung Rechnung trägt, kann es gelingen, die Kommune in ihrer Rolle als aktiver Steuerer von Stadtentwicklungsprozessen und generell von kommunalen Planungen zu stärken. Darüber hinaus kann durch diesen neuen Umgang mit Beteiligung eine stärkere Aktivierung der Akteure – insbesondere der Bürgerinnen und Bürger, aber nicht nur dieser – und eine Steigerung bzw. Gewährleistung von Quoren gelingen, was die Akzeptanz von Planungen und Projekten steigert und damit ganz essenziell zur Demokratisierung beiträgt. Beteiligung darf nicht nur im Rahmen der Konzepterstellung stattfinden, sondern muss in der Umsetzung von Projekten u.a. fortgesetzt werden. Ansonsten bekommen Kommunen ein Legitimationsproblem und können die Akteure, insbesondere die Bürgerinnen und Bürger, nicht mehr im ausreichenden Maße aktivieren. Dies gilt für die Gesamtheit kommunaler Planungen und Vorhaben.

Literaturverzeichnis

[1] Albers, G.: Über den Wandel im Planungsverständnis. In: Raumplanung, Heft 61, 1993

[2] BBSR Bundesamt für Bau-, Stadt- und Raumforschung (Hg.): Online-Partizipation in der Stadtentwicklung; Informationen zur Raumentwicklung, Heft 6/2017, Bonn

[3] Bonney, R. et al.: Public Participation in Scientific Research: Defining the Field and Assessing Its Potential for Informal Science Education. A CAISE Inquiry Group Report. Washington, DC: Center for Advancement of Informal Science Education (CAISE), 2009

[4] Foißner, P.: Die Mitwirkung der Zivilgesellschaft im Rahmen der Städtebauförderung – Aktivierung der Bürgerinnen und Bürger vs. Bürokratisierung der Förderung. 2016, In: BBSR-Online-Publikation Nr. 02/2018

[5] Selle, K.: Stadtentwicklung und Bürgerbeteiligung – Auf dem Weg zu einer kommunikativen Planungskultur? Alltägliche Probleme, neue Herausforderungen. In: Informationen zur Raumentwicklung, Heft 1, 2007

[6] Selle, K.: Planen, Steuern, Entwickeln : über den Beitrag öffentlicher Akteure zur Entwicklung von Stadt und Land, Dortmund, Dortmunder Vertrieb für Bau- und Planungsliteratur

[7] Simon, N.: The Participatory Museum. Santa Cruz, 2010, Kalifornien: Museum 2.0.

Online-Ressourcen

[1] Arnstein, Sherry R.: 'A Ladder Of Citizen Participation', Journal of the

American Planning Association, 35: 4, 216-224, 1969 download unter:

http://www.participatorymethods.org/sites/participatorymethods.org/f
iles/Arnstein%20ladder%201969.pdf (Letzter Zugriff 04.07.2018)

[2] Bertelsmann Stiftung: Grundlagen der Bürgerbeteiligung. Mate-
rialsammlung für die Alianz Vielfältige Demokratie, 2016, online abgerufen unter: https://www.bertelsmann-
stif-
tung.de/fileadmin/files/Projekte/Vielfaeltige_Demokratie_gestalten/

Materialsammlung_Buergerbeteiligung.pdf (Letzter Zugriff
02.07.2018)

[3] Hack your City, online abgerufen unter:
https://www.hackyourcity.de Letzter Zugriff 03.07.2018)

[4] Mercer (2018), online abgerufen unter:
https://mobilityexchange.mercer.com/Insights/quality-of-living-
rankings (Letzter Zugriff 03.07.201)

[5] Resorti Blog (2017), online abgerufen unter:
https://www.resorti.de/blog/diy-stadtanleitung-wien-stadtplanung-
und-buergerpartizipation/ (Letzter Zugriff 03.07.2018)

[6] Zukunftsstadt Mittweida [Hrsg.]: Stadtentwicklung crossmedial –
Bürgervisionen für ein Leitbild Mittweida 2030+, Abschlussbericht
der Großen Kreis- und Hochschulstadt Mittweida zur Fördermaß-
nahme „Wettbewerb Zukunftsstadt" Phase 1,
http://www.zukunftsstadt-mittweida.de/wp-
content/uploads/2016/07/Abschlussbericht_Phase-1_Zukunftsstadt-
Mittweida.pdf, Mai 2016 (Letzter Zugriff 13.09.2018)

[7] Zukunftsstadt Mittweida [Hrsg.]: Leitbildprozess Mittweida 2030+
, http://www.zukunftsstadt-mittweida.de/wp-
content/uploads/2016/07/Kurzfassung-Leitbild-Mittweida-2030.pdf,
2016 (Letzter Zugriff 13.09.2018)

Medienpartnerschaft mit der Zukunftsstadt Mittweida – Best Practice

Von Franziska Pester

Abstract: Über mehrere Monate haben die Tageszeitung „Freie Presse" und die Hochschule Mittweida bei einem gemeinsamen Projekt analysiert, wie digitale Zusatzangebote sich auf die Reichweite von Artikeln im Internet auswirken. 360-Grad-Aufnahmen und Videos wurden am häufigsten von den Nutzern angeklickt. Es zeigte sich, dass digitale Zusatzangebote, die dem Leser weiterführende oder vertiefende Informationen zum Thema liefern, die Attraktivität der Zeitung und ihrer Homepage steigern. Daraus ergeben sich für Redaktionen aber auch Herausforderungen.

1. Ausgangssituation

Die „Freie Presse" ist mit mehr als 225.000 täglich verkauften Exemplaren (vgl. IVW 2017) die auflagenstärkste Tageszeitung in den neuen Bundesländern und erreicht fast die Hälfte der Bevölkerung im Verbreitungsgebiet, das sich vom Vogtland im Südwesten Sachsens über den Landkreis Zwickau, die Stadt Chemnitz, den Erzgebirgskreis und den Landkreis Mittelsachsen erstreckt. Sechs Mal pro Woche erscheinen 19 verschiedene Lokalausgaben der „Freien Presse", deren Inhalte in Lokalredaktionen vor Ort erarbeitet werden. Der überregionale Teil der Zeitung wird in Chemnitz erstellt. Sämtliche Exemplare der „Freien Presse" werden in Chemnitz gedruckt und von dort aus an die Abonnenten und Verkaufsstellen geliefert.

Mit reichlich 7800 (vgl. ebd.) täglich verkauften Exemplaren ist die Mittweidaer Lokalausgabe der „Freien Presse" eine Ausgabe mittlerer Größe innerhalb des Verbreitungsgebietes. Die Lokalausgabe erscheint in folgenden Kommunen: Mittweida, Hainichen, Frankenberg, Altmittweida, Rossau, Kriebstein, Striegistal und Lichtenau. Sitz der Lokalredaktion ist die Stadt Mittweida. Die Redaktion ist Teil der Regionalredaktion Mittelsachsen. In dieser werden auch die Lokalausgaben Freiberg (14.434 täglich verkaufte Exemplare), Flöha

(6032 täglich verkaufte Exemplare) und Rochlitz (5880 täglich verkaufte Exemplare) produziert (vgl. ebd.).

Sämtliche Inhalte der „Freien Presse" sind neben der Printausgabe auch als E-Paper verfügbar und werden auf der Homepage der Zeitung (www.freiepresse.de) veröffentlicht. Internetnutzer können pro Monat 5 Artikel in voller Länge kostenfrei lesen. Danach wird eine sogenannte Paywall aktiviert, sodass die Artikel nur noch nach Abschluss eines Digital-Abonnements abrufbar sind.

Darüber hinaus betreibt die „Freie Presse" eine eigene Facebook-Seite. Zum Zeitpunkt der Kooperation mit der Hochschule hatte die Seite rund 80.000 Follower. Zudem gibt es zwei regionalisierte Facebook-Seiten der „Freien Presse": „Freie Presse"-Flöha und „Freie Presse"-Erzgebirge. Die „Freie Presse" nutzt außerdem Twitter und Google Plus. Diese Plattformen blieben bei der Kooperation aber außen vor.

2. Ablauf der Zusammenarbeit

Im Frühjahr 2016 ging die Mittweidaer Lokalredaktion mit der Hochschule Mittweida eine Kooperation ein. Ziel des Projekts war es, Themen, die die Stadt Mittweida betreffen, gemeinsam crossmedial aufzubereiten, um anschließend die Reichweite der Veröffentlichungen und die Art des Abrufs der Inhalte durch Leser beziehungsweise Nutzer analysieren zu können. Zu Beginn der Zusammenarbeit wurde der Themenbereich „Energie und Umwelt" als Rahmen für die zu erstellenden Artikel und digitalen Inhalte festgelegt. Darauf aufbauend hat das Projektteam der Hochschule thematische Schwerpunkte für die folgenden vier Monate entwickelt und der Redaktion vorgeschlagen. Anhand dessen hat eine Redakteurin der Lokalredaktion mehrere Konzepte für Artikel für die Mittweidaer Lokalausgabe der „Freien Presse" entwickelt. Beide Kooperationspartner einigten sich darauf, dass pro Monat ein Artikel zusammen mit einem digitalen Zusatzangebot erscheinen soll. Die Recherche der Artikel und die anschließende redaktionelle Aufbereitung erfolgten bei der „Freien Presse" unabhängig von der Hochschule. Eine

Absprache der konkreten Inhalte, journalistischen Darstellungsform oder Tendenz des Artikels fand im Vorfeld nicht statt.

Von April bis September 2016 erschienen im Rahmen der Kooperation in der Lokalausgabe Mittweida insgesamt sechs Artikel. Jeder Beitrag wurde in Form eines Aufmachers auf der ersten Lokalseite der Ausgabe veröffentlicht. Fünf der Artikel sind darüber hinaus in den Lokalausgaben Freiberg und Flöha erschienen, drei in der Ausgabe Rochlitz. In diesen Ausgaben wurden die Beiträge auf hinteren Seiten des Lokalteils platziert.

Sämtliche Artikel wurden auf der Homepage der „Freien Presse" in der Rubrik „Mittelsachsen" veröffentlicht. Zudem wurden die Beiträge in Form von Verlinkungen zur Homepage auf der Facebook-Seite der „Freien Presse" gepostet. Um zu erfassen, wie oft die sechs Artikel auf der Homepage der „Freien Presse" abgerufen worden sind, hat das Projektteam der Hochschule Zugriff auf die Nutzungsstatistik (Anzahl der Klicks auf einen Artikel, zeitliche Verteilung im Tagesverlauf) erhalten, die die „Freie Presse" erhebt. Das Projektteam hat als Dokumentationszeitraum für die Erfassung der Daten jeweils eine Woche nach dem Erscheinungstag des Artikels festgelegt. Zugriffe auf die Beiträge, die danach erfolgten, wurden nicht erfasst.

Für das digitale Zusatzangebot hat die „Freie Presse" bei jedem Artikel einen eigenen Link erstellt, der thematisch zum Beitrag passte. Dadurch hatten Leser die Möglichkeit, das digitale Zusatzangebot direkt über die Eingabe des Links in die Adresszeile des Internetbrowsers abzurufen, und mussten nicht in mehreren Schritten durch die Homepage klicken.

Die Zugriffsdaten für das digitale Zusatzangebot hat das Projektteam der Mittweidaer Hochschule mit entsprechenden Analysetools unabhängig von der „Freien Presse" ermittelt. Sämtliche im Folgenden genannte Zahlen basieren daher auf den Erhebungen des Projektteams der Hochschule Mittweida.

Bei allen Artikeln hat die „Freie Presse" die Leser in einem Info-Kasten darauf hingewiesen, dass der Beitrag im Rahmen des Kooperations-Projektes mit der Mittweidaer Hochschule entstanden ist und dass die Zugriffszahlen auf die Online-Angebote erfasst werden.

Wie viele Leser der Printausgabe die jeweiligen Artikel gelesen haben, wurde nicht erfasst, da entsprechende Analysemethoden, wie beispielsweise Readerscan, nicht zum Einsatz kamen.

3. Inhalte: Kooperation bei sechs Artikeln

3.1 Artikel „Energie aus der Zschopau"

Der erste Artikel, der am 28. April 2016 veröffentlicht wurde, beschrieb als klassischer Bericht die Arbeitsabläufe in einem Wasserkraftwerk im Mittweidaer Ortsteil Ringethal. Journalistischer Anlass für den Artikel war der „Tag der erneuerbaren Energien", ein Aktionstag, bei dem mit verschiedenen Veranstaltungen in der gesamten Region auf Möglichkeiten zur Nutzung regenerativer Energiequellen aufmerksam gemacht wird. An diesem öffnete das Wasserkraftwerk für Besucher. Die „Freie Presse" druckte zu diesem Thema Text und zwei Fotos. Das Projektteam der Hochschule Mittweida erstellte 360-Grad-Fotoaufnahmen. Diese konnten die Leser über einen QR-Code mit bit.ly-Link, der in der Printausgabe abgedruckt wurde, oder über einen Link, der ebenfalls abgedruckt wurde, aufrufen. Der Artikel erschien in den Lokalausgaben Mittweida, Flöha, Rochlitz und Freiberg.

Der Artikel wurde auf der Homepage der „Freien Presse" Analysen des Projektteams zufolge 1100-mal aufgerufen. Die 360-Grad-Fotos wurden über den QR-Code 18-mal aufgerufen, über die Verlinkung auf der Homepage der „Freien Presse" und den in der Printausgabe abgedruckten Link insgesamt 74-mal.

3.2 Artikel „Energie: Stadt setzt auf Sonne und Wasser"

Am 14. Mai 2016 veröffentlichte die „Freie Presse" den Artikel „Energie: Stadt setzt auf Sonne und Wasser". Darin wurde in Form eines Frage-Antwort-Stücks das Klimaschutzkonzept der Stadt

Mittweida aufbereitet. Der Artikel beschrieb, wie viel Energie in Mittweida in öffentlichen Einrichtungen und für die Erfüllung öffentlicher Aufgaben benötigt wird, wie hoch der CO_2-Ausstoß ist und welche Möglichkeiten die Kommune zum Energiesparen nutzt. Der Artikel beinhaltete neben Text ein Foto sowie eine Grafik, in der dargestellt wurde, wie viele Kilowattstunden Strom ausgewählte städtische Einrichtungen im Jahr verbrauchen.

Das Projektteam hatte für diese Veröffentlichung ein Drohnenvideo erstellt. Es zeigte Luftaufnahmen verschiedener städtischer Gebäude, dabei wurde deren jeweiliger Energieverbrauch eingeblendet. Das Video konnten die Leser der „Freien Presse" anschauen, indem sie einer Verlinkung auf der Homepage folgten oder einen in der Printausgabe veröffentlichten Link aufriefen. Außerdem war das Video über einen QR-Code abrufbar. Der Artikel erschien in den Lokalausgaben Mittweida, Flöha und Freiberg.

Insgesamt wurde der Artikel auf der Homepage der „Freien Presse" im Dokumentationszeitraum 5789-mal aufgerufen. Das Drohnenvideo wurde via QR-Code 33-mal aufgerufen. Zugriffszahlen auf das Video über den abgedruckten und auf der Homepage gesetzten Link wurden nicht erfasst.

3.3 Artikel: „Heimisches Obst und Gemüse für die Mittweidaer Tafel"

Der Artikel „Heimisches Obst und Gemüse für die Mittweidaer Tafel" erschien am 25. Mai 2016. In dem Bericht wurde beschrieben, dass die Mittweidaer Tafel leerstehende Parzellen einer Kleingartenanlage zum Anbau von Obst und Gemüse nutzen kann. Außerdem wurde dargelegt, wie viele Personen die Angebote der Tafel nutzen und wie der Tafel-Verein finanziell und personell aufgestellt ist. Ein Info-Kasten ergänzte die Berichterstattung mit einem kurzen Interview: Ein Professor für Gemüseanbau der Technischen Universität Dresden gab Hobbygärtnern Tipps zum Anbau von Gemüse im Garten. Zum Artikel gehörte darüber hinaus ein Foto.

Das digitale Zusatzangebot wies den Leser beziehungsweise Nutzer auf eine öffentliche Ringvorlesung an der Mittweidaer Hochschule hin. Es konnte über einen QR-Code oder über einen Link, der in der Printausgabe veröffentlicht und in den Online-Artikel auf der Homepage eingebunden wurde, aufgerufen werden. Der Artikel erschien in allen vier mittelsächsischen Lokalausgaben der „Freien Presse".

Die Datenerhebung ergab, dass der Artikel insgesamt 1044-mal auf der Homepage der „Freien Presse" aufgerufen wurde. Der QR-Code, der zum Livestream der Ringvorlesung führte, wurde 6-mal aufgerufen. Über den Link wurden 5 Zugriffe erfasst. Insgesamt ergaben sich so 11 Zugriffe.

3.4 Artikel: „Mit 432 PS durch Mittweida"

Anlässlich der „Nacht der Wissenschaften", einer Veranstaltung, die jedes Jahr an der Mittweidaer Hochschule stattfindet, berichtete die „Freie Presse" am 6. Juni 2016 über eine Testfahrt mit einem Elektroauto der Marke Tesla. Die Fakultät Medien der Hochschule hatte die Probefahrten für Besucher der Veranstaltung organisiert. Der Artikel gehörte zur Kategorie Erfahrungsbericht und wurde durch eine Karte ergänzt, auf der die Redaktion sämtliche Ladestationen für Elektroautos im Landkreis Mittelsachsen und der näheren Umgebung markiert hat. Für diesen Beitrag wurde durch das Projektteam der Hochschule ein Drohnenvideo erstellt, das aus der Luft zeigt, wie das Auto durch die Straßen Mittweidas fährt. Darüber hinaus hat die „Freie Presse" bei der Veranstaltung ein eigenes Video produziert, in dem Nahaufnahmen des Autos während der Fahrt und Szenen aus dem Interview, das die Redakteurin mit dem Fahrer geführt hat, zu sehen waren. In der vorliegenden Analyse soll jedoch ausschließlich das digitale Zusatzangebot betrachtet werden, das im Rahmen der Kooperation mit der Hochschule entstanden ist.

Der Artikel mit einem QR-Code sowie einem gedruckten Link zum Drohnenvideo ist in den Lokalausgaben Mittweida, Flöha und Freiberg veröffentlicht worden. Der Artikel wurde über die Homepage der „Freien Presse" insgesamt 2202-mal aufgerufen. Via QR-Code und den Link auf „Freie-Presse"-Homepage wurde das Drohnenvideo 236-mal angesehen.

3.5 Artikel: „Goethehain fristet Schattendasein"

Über den Zustand der Parkanlage Goethehain in Mittweida berichtete die „Freie Presse" am 30. Juni 2016. Anlass war ein Leserbrief, der die Redaktion erreichte. Darin beklagte ein Mittweidaer, dass die Parkanlage zunehmend verwildert. Die „Freie Presse" schilderte den Zustand des Parks und ließ Vertreter der Stadtverwaltung dazu zu Wort kommen. Illustriert wurde der Beitrag mit einer großen Foto-Grafik. Sie zeigte eine Luftaufnahme der Parkanlage. Darin eingefügt waren fünf Fotos von Missständen in der Anlage, etwa kaputte Treppen. Die jeweiligen Punkte, wo die Fotos aufgenommen wurden, sind in der Luftaufnahme markiert worden.

Das Projektteam der Hochschule hat für den Beitrag ein 360-Grad-Video der Parkanlage erstellt. Es war über einen QR-Code und einen Link, der auf der Homepage der „Freien Presse" eingefügt war und in der Printausgabe abgedruckt wurde, abrufbar. Der Beitrag ist ausschließlich in der Mittweidaer Lokalausgabe veröffentlicht worden.

Die Datenerhebung des Projektteams hat ergeben, dass der Artikel auf der Homepage der „Freien Presse" insgesamt 4314-mal aufgerufen wurde. Für das 360-Grad-Video wurden insgesamt 98 Zugriffe gezählt.

3.6 Artikel: „Der ÖPNV könnte bei der Elektromobilität Vorreiter sein"

Der am 12. Juli 2016 veröffentlichte Beitrag beschäftigt sich mit dem Thema Elektromobilität. Hinterfragt wurde, inwiefern Entwicklungen in diesem Bereich bei einem im Landkreis Mittelsachsen verankerten Nahverkehrsunternehmen eine Rolle spielen. Dazu führte eine Redakteurin ein Interview mit dem Geschäftsführer des Unternehmens. Der Beitrag wurde durch einen Info-Kasten, in dem Zahlen und Fakten zum Unternehmen (Anzahl Fahrzeuge, Anzahl Busverbindungen innerhalb des Landkreises etc.) genannt werden, ergänzt.

Bei diesem Beitrag hat die Redaktion stärker als in den vorangegangenen Beiträgen die Kooperation mit dem Projektteam der Mittweidaer Hochschule für den Leser deutlich gemacht. Das Foto zum Beitrag zeigte die Redakteurin beim Interview mit dem Geschäftsführer des Nahverkehrsunternehmens. Auch eine Mitarbeiterin des Projektteams war zu sehen, denn während des Gesprächs wurden Video- und Tonaufnahmen erstellt. Im Rahmen der Kooperation wurde dabei ein Video produziert, welches Ausschnitte aus dem Interview zeigt. Die Redakteurin der „Freien Presse" moderierte den Beitrag an. Dadurch erhielten die Leser beziehungsweise Nutzer Einblicke in die redaktionelle Produktion des veröffentlichten Beitrags. Das Video war wie die vorangegangenen digitalen Zusatzangebote auch über einen abgedruckten QR-Code und über einen Link abrufbar, der auf der Homepage der „Freien Presse" und in der Printausgabe veröffentlicht wurde. Der Beitrag erschien in den Lokalausgaben Mittweida, Flöha, Freiberg und Rochlitz. Insgesamt wurde der Beitrag auf der Homepage der „Freien Presse" 658-mal aufgerufen. Die Videoaufnahme des Interviews verzeichnete insgesamt 52 Zugriffe.

4. Auswertung der Datenerhebung

Der Beitrag, der die höchsten Klickzahlen auf der Homepage verzeichnete, war der Artikel „Energie: Stadt setzt auf Sonne und Wasser". Die wenigsten Klicks erhielt der Beitrag „Der ÖPNV könnte bei der Elektromobilität Vorreiter sein". Das digitale Zusatzangebot wurde unterschiedlich stark von den Lesern beziehungsweise Nutzern rezipiert. Die meisten Klicks (236) verzeichnete das Drohnenvideo zum Beitrag „Mit 432 PS durch Mittweida", die wenigsten der Livestream zur Ringvorlesung, der mit dem Beitrag „Heimisches Obst und Gemüse für die Mittweidaer Tafel" (11 Zugriffe) verknüpft war. Ein Zusammenhang zwischen der Anzahl der Klicks, die ein Beitrag auf der Homepage der „Freien Presse" erzielt hat, und der Anzahl der Zugriffe auf das digitale Zusatzangebot lässt sich demnach nicht erkennen.

Bei der Crossmedia-Kooperation der „Freien Presse" mit der Hochschule Mittweida hat sich gezeigt, dass Artikel online die höchsten Zugriffszahlen verzeichnen, wenn sie auf dem Facebook-Auftritt der Zeitung verlinkt werden. Generell waren Zugriffszahlen am Tag der

Veröffentlichung stets am höchsten, nahmen dann im Verlauf der folgenden Tage stetig ab. Bei der Analyse der Daten wurde außerdem deutlich, dass die Zugriffszahlen auf die einzelnen Beiträge am Veröffentlichungstag zwischen ungefähr 9 Uhr morgens und 15 Uhr am Nachmittag am höchsten sind.

Deutlich wurde bei der Auswertung, dass die Zugriffszahlen auf das digitale Zusatzangebot über den direkten Link, der in der Printausgabe veröffentlicht und auf der Homepage eingefügt wurde, höher waren als über den QR-Code.

5. Fazit: Nutzen und Herausforderungen von digitalen Zusatzangeboten

Es bleibt festzuhalten, dass ein digitales Zusatzangebot ein Mehrwert für den Zeitungsleser beziehungsweise den Nutzer der Homepage ist und die Attraktivität des Mediums Tageszeitung steigert. Daher sollten entsprechende Inhalte in die Berichterstattung eingebunden werden. Die Reichweite von Online-Veröffentlichungen ist auch bei der Vermarktung von Werbeanzeigen auf der Homepage der Zeitung ein wichtiger Faktor. Inwiefern digitale Zusatzangebote in diesen Bereich hineinwirken, ist bei der Crossmedia-Kooperation der „Freien Presse" mit der Hochschule Mittweida aber nicht untersucht worden. Im Mittelpunkt standen ausschließlich redaktionelle Belange.

Grundsätzlich sollte das digitale Zusatzangebot dem Leser weiterführende oder vertiefende Informationen zum in der Zeitung abgedruckten Beitrag liefern, mit Inhalten, die das Gelesene sinnvoll ergänzen, anstatt es zu wiederholen.Um die Inhalte produzieren zu können, müssen Redaktionen mit der entsprechenden Technik ausgerüstet und die Redakteure in Lokal- und Onlineredaktion in deren Handhabung geschult sein, oder es müssen Kooperationen mit externen Partnern geschlossen werden.

In der Auswertung der bei der Crossmedia-Kooperation erstellten digitalen Zusatzangebote zeigte sich, dass 360-Grad-Visualisierungen und Videos von den Rezipienten am stärksten genutzt wurden. Der Livestream stieß auf wenig Resonanz. Es lässt sich mutmaßen, dass zum einen das Thema für die Leser der Zeitung nur von geringem Interesse war und dass das Format Livestream über ein Printmedium auch nur eingeschränkt angekündigt und beworben werden kann. Schließlich erfolgt die Liveübertragung zu einem bestimmten Zeitpunkt. Die Zeitung wird aber unabhängig davon, möglicherweise viele Stunden zuvor, gelesen, sodass der Leser nicht zeitnah von einem Medium ins andere wechseln kann – vor Übertragungsstart führen Link und QR-Code ins Leere. Der Schwerpunkt bei der Vermittlung derartiger Inhalte sollte deshalb eher auf Online-Plattformen wie der Homepage und sozialen Netzwerken liegen.

Darüber hinaus kam die Redaktion zu dem Ergebnis, dass digitale Zusatzangebote sich nicht nur auf Videos und 360-Grad-Aufnahmen beschränken sollten. Es ist für die Attraktivität von Tageszeitungen unerlässlich, dem Leser beziehungsweise Nutzer in Zeiten der Digitalisierung immer wieder für ihn neuen, überraschenden Inhalt zu bieten. Daher sollten auch andere Darstellungsformen wie animierte Grafiken – beispielsweise über die Plattform Thinglink erstellt – eingesetzt werden. Auch Visualisierungen über Pageflow bieten sich an. Diese lassen das Lesen der Beiträge und das Navigieren durch die Homepage für den Nutzer zum Erlebnis werden und erhöhen damit die Verweildauer auf der Website. Generell gilt, dass es möglich sein muss, dass sämtliche digitale Zusatzangebote mit Smartphone oder Tablet abgerufen werden können.

Das digitale Zusatzangebot wurde überwiegend mithilfe des direkten Links aufgerufen. Es lässt sich vermuten, dass die Zugriffe größtenteils über die Verlinkung dahin auf der Homepage kamen. Daher stellt sich die Frage, ob ein in der Zeitung abgedruckter QR-Code als Zugang zu Videos und anderen digitalen Inhalten geeignet ist. Eine Möglichkeit, die Zugriffszahlen weiter zu steigern, wäre, in sozialen Medien wie Facebook oder Twitter direkt auf digitale Zusatzangebote zu verweisen und diese dort zu verlinken. Das wirkt sich allerdings negativ auf die Online-Wahrnehmung der eigentlichen Beiträge aus, die das Kernstück der Zeitung darstellen.

Online-Ressourcen

Informationsgemeinschaft zur Feststellung der Verbreitung von Werbeträgern e.V. (IVW) [Hrsg.]: Daten für das vierte Quartal 2017, http://www.ivw.eu/print/quartalsauflagen/pressemitteilungen/auflagenzahlen-des-4-quartals-2017, (Letzter Zugriff 13.09.2018)

Autoren

Prof. Dr. Tamara Huhle *(huhle@hs-mittweida.de)*

Tamara Huhle promovierte 1988 zum Dr. phil. in Kunstgeschichte. Nach mehrjähriger Anstellung als wissenschaftliche Mitarbeiterin und Dozentin in der Erwachsenenqualifizierung gründetet sie Mitte der 90er in Stuttgart die media GmbH und führte diese bis 2013 gemeinsam mit einem Geschäftspartner erfolgreich als Agentur, Akademie und TV-Studio. Ab 2011 lehrt Prof. Dr. Huhle zudem als Professorin für Visuelle Kommunikation, Werbemanagement, Projektmanagement und Crossmedia an der Hochschule Mittweida. Im Jahr 2014 folgte die Berufung im Lehr- und Forschungsgebiet Crossmedia. An der Fakultät Medien leitete sie das Forschungsprojekt Crossmediale Wirkungsforschung und beteiligte sich an der Kampagne „Zukunftsstadt Mittweida". Ihr derzeitiges Forschungsgebiet ist die crossmediale Kommunikation in der Bürgerpartizipation.

Prof. Dr. Jan Schaaf *(schaaf@hs-mittweida.de)*

Jan Schaaf ist geschäftsführender Direktor des Institutes für Nachhaltigkeits- und Immobilienmanagement der Hochschule Mittweida. Sowohl drängende Herausforderungen auf dem Wohnungsmarkt als auch der Wandel in der Produktion und dessen Auswirkungen auf dem Immobilienmarkt (Urban Production) sind derzeit seine thematischen Schwerpunkte. Aktuelle Fragen der Stadtentwicklung beleuchtet er aus immobilienwirtschaftlicher Perspektive. Jan Schaaf ist Mitglied der Gesellschaft für immobilienwirtschaftliche Forschung

Dr. Tanja Korzer *(korzer@um-systems.de)*

Tanja Korzer ist seit 2014 geschäftsführende Akademische Assistentin am Institut für Stadtentwicklung und Bauwirtschaft der Universität Leipzig. 2012 schloss sie erfolgreich die Promotion zum Thema „Erfolgsfaktoren von Shoppingcentern. Chancen für eine wirtschaftlich erfolgreiche Entwicklung von Klein- und Mittelstädten" ab. Aktuelle Schwerpunkte in der wissenschaftlichen Arbeit sowie in der Lehre liegen vor allem im Spannungsfeld zwischen Handels- und Stadtentwicklung sowie im Bereich der Akteursvernetzung und Aktivierung im Rahmen nachhaltiger und integrierter Stadtentwicklungsprozesse. Tanja Korzer engagiert sich als Gründungsmitglied im Wissensnetzwerk Stadt und Handel e.V.

Constanze Hundt, M.A. *(hundt@hs-mittweida.de)*

Constanze Hundt wurde 1987 in Chemnitz geboren und studierte Medientechnik sowie Information and Communication Sciences an der Hochschule Mittweida. Als Projektleiterin koordinierte sie das Projekt Crossmediale Medienwirkungsforschung und betreute daran angliedernde Teilforschungen. Sie besitzt einen Lehrauftrag „Innovative Medientechnologien und Angewandte Medien" an der Hochschule Mittweida.

Christopher M. Brinkmann, M.A. *(brinkman@hs-mittweida.de)*

Wissenschaftlicher Mitarbeiter im Projekt Crossmediale Medienwirkungsforschung. Verantwortlicher für die Datenanalyse und Dokumentation im Projekt. Betreut seit August 2016 die Kanäle der Zukunftsstadt Mittweida. In seiner Arbeit beschäftigt er sich mit der Digitalisierung auf kommunaler Ebene, lokalen Netzwerken und Kommunikationskultur sowie die Bedeutung von Wissen in der Bürgerbeteiligung.

Alena Endres B.A. *(endres@wifa.uni-leipzig.de)*

Alena Endres ist, neben ihres Masterstudiums im Bereich Nachhaltigkeitsmanagement, seit März 2017 studentische Hilfskraft am Institut für Stadtentwicklung und Bauwirtschaft an der Universität Leipzig. Dort betreute sie ein inter- und intradisziplinäres Reallabor zur Verbesserung der Aufenthaltsqualität in der Stadt Leipzig.

Franziska Pester (*franziska.pester@freiepresse.de*)

Franziska Pester wurde 1988 in Chemnitz geboren. Nach dem Abitur studierte sie Politikwissenschaft an der Technischen Universität in Chemnitz. Von 2013 bis 2014 volontierte sie bei der „Freien Presse". Im Anschluss daran war sie von Januar 2015 bis Oktober 2017 Redakteurin in der Lokalredaktion Mittweida. Seit 1. November 2017 verantwortet sie die Lokalausgabe Rochlitz der „Freien Presse".

Ergänzende Materialien

Zum Kapitel

Einstieg crossmediale Bürgerkommunikation – Themen und Kanäle

A1: Clusteranalyse des Kanals Live-Kommunikation, eigene Darstellung.

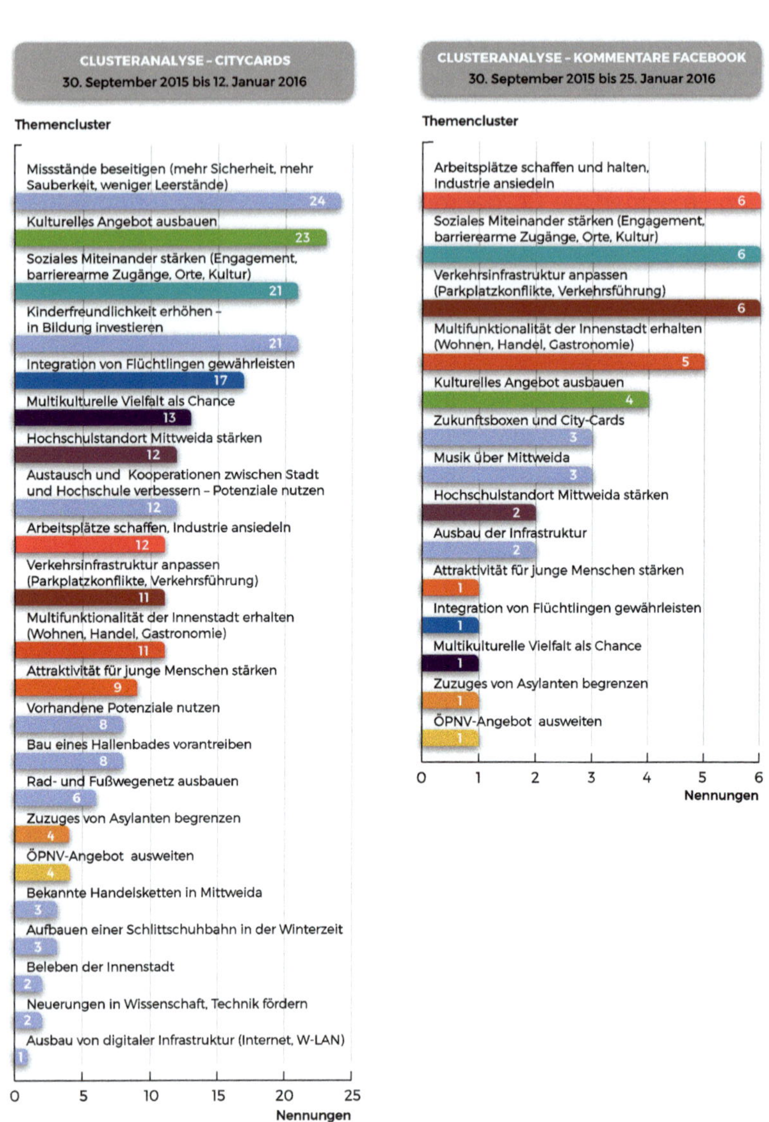

A2: *Clusteranalyse der interaktiven Kanäle Print und Social Media, eigne Darstellung*

A 3: Schlüsselthemen, eigne Darstellung

Zum Kapitel

Bedeutungsträger moderne Technologien

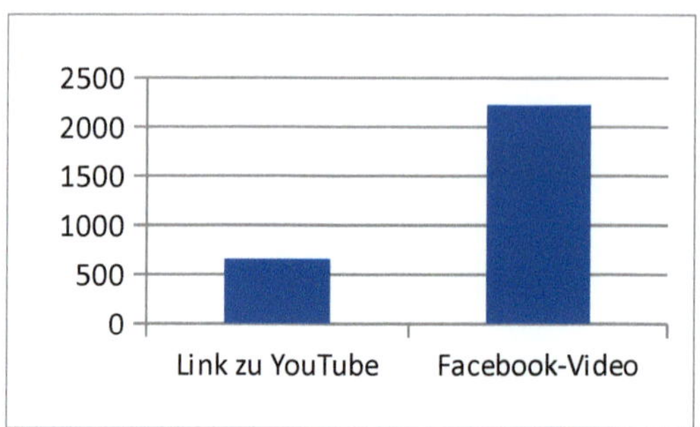

A 4: Durchschnittliche Videoaufrufe im Untersuchungszeitraum auf der Face-book-Seite, Quelle: eigene Darstellung

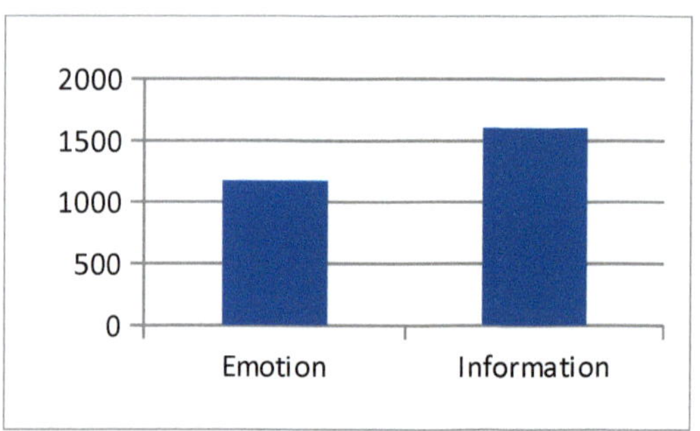

A 5: Durchschnittliche Videoaufrufe im Untersuchungszeitraum auf der Face-book-Seite, Quelle: eigene Darstellung

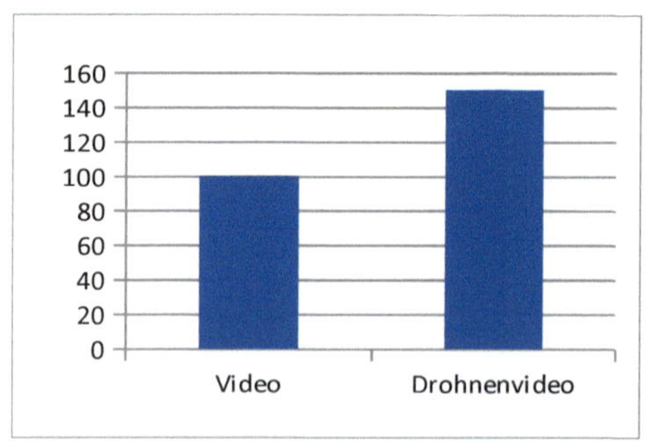

A 6: Durchschnittliche Videoaufrufe im Untersuchungszeitraum auf dem YouTube-Kanal, Quelle: eigene Darstellung

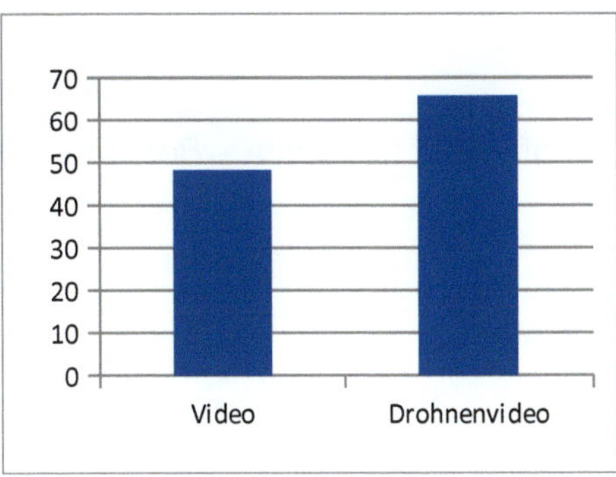

A 7: Durchschnittliche Betrachtungszeit in Prozent im Untersuchungszeitraum auf dem YouTube-Kanal, Quelle: eigene Darstellung

Zum Kapitel

Medienpartnerschaft mit der Zukunftsstadt Mittweida – *Best Practice*

„Die Stadt kommt um Online nicht herum"

Ein Forschungsteam an der Mittweidaer Hochschule hat untersucht, wie die Stadt mit Bürgern ins Gespräch kommen kann

MITTWEIDA – Wie informieren sich die Mittweidaer über ihre Stadt? Was interessiert sie? Antworten auf diese Fragen haben Professorin Tamara Huhle und ein Forschungsteam der Mittweidaer Hochschule erstmals gesucht. Mehrere Monate lang haben sie mit der „Freien Presse" das Mediennutzungsverhalten der Mittweidaer analysiert. Franziska Pester hat mit Tamara Huhle gesprochen.

Freie Presse: Sie haben untersucht, wie sich die Mittweidaer über ihre Stadt informieren. Als Zeitung wollen wir wissen: Welche Themen interessieren die Mittweidaer?

Tamara Huhle: Das kann man pauschal nicht sagen. Wir haben aber festgestellt, dass emotionale, sehr regionale und unterhaltsame Themen am meisten angenommen wurden.

Wie lief die Forschung ab?

Wir wollten wissen, in welchem Umfang und auch wann die Mittweidaer zu Themen, die ihre Stadt betreffen, kommunizieren und welche Kanäle sie nutzen. Dafür haben wir geschaut, wie oft Artikel der „Freien Presse" gelesen werden, wann und wie häufig die Mittweidaer Facebook nutzen, auf der Website der Zukunftsstadt unterwegs sind und wie häufig sie Youtube-Videos anschauen. Unser Ansatz war nicht, alle 15.000 Mittweidaer anzusprechen. Wir wollten viele von denen erreichen, die aktiv sein wollen.

Warum die Untersuchung?

Ziel ist es, herauszufinden, ob die Mittweidaer die Möglichkeiten zur Kommunikation annehmen, wie sie zum Beispiel Facebook bietet. Wir suchen nach neuen Wegen, mit den Bürgern ins Gespräch zu kommen.

Was hat die Stadt Mittweida von den Ergebnissen?

Wir haben Wege aufgezeigt, wie die Stadt mit Bürgern diskutieren kann. Sie kommt um Online nicht herum. Das macht aber nur Sinn, wenn man regelmäßig Inhalte einstellt. Beim Stadtentwicklungs-Projekt Zukunftsstadt betreibt unser Team bis Ende des Jahres eine Homepage und eine Facebook-Seite zur Bürgerdebatte in Mittweida. Danach muss der OB entscheiden, ob er die Seiten nutzen will. Wenn ja, ist ein Social Media Manager unverzichtbar.

Warum?

Weil man Plattformen wie etwa Facebook dauerhaft betreuen und mit den Leuten kommunizieren muss. Ein Social Media Manager braucht Kenntnisse in den sozialen Netzen, Informationen aus dem Umfeld, selbstständiges Agieren, ein sicheres Gespür für schwierige Situationen und das absolute Vertrauen des Bürgermeisters. Er wären eine Art persönlicher Referent. Dazu muss man sich bewusst bekennen.

Tamara Huhle
Professorin für Crossmedia
FOTO: PASCAL [...]

Energie aus der Zschopau

Mit 482 PS durch Mittweida

Energie: Stadt setzt auf Sonne und Wasser

Goethehain fristet Schattendasein

Von April bis Ende August erschienen in der „Freien Presse" mehrere Artikel, bei denen die Hochschule erfasste, wie oft sie auf der Homepage der „Freien Presse" gelesen wurden. Mit 5740 Klicks erzielte der Artikel „Energie: Stadt setzt auf Sonne und Wasser" die meisten Leser. 4314 Leser klickten „Goethehain fristet Schattendasein" an.

Kooperation mit der Hochschule: Themen rund um Energie

An der Mittweidaer Hochschule hat eine Forschungsgruppe erstmals das Mediennutzungsverhalten der Mittweidaer analysiert. Ziel war es, Wege zu finden, die die Mittweidaer motivieren, sich mit ihrer Stadt auseinanderzusetzen. Dazu wurden in Zeitung, Radio und Internet Inhalte zum Thema „Energie und Umwelt" verbreitet.

Die „Freie Presse" unterstützte das Projekt. Mehrmals im Monat erschienen Artikel, die sich dem Komplex „Energie und Umwelt" zuordnen ließen. Zu jedem Artikel, den die Mittweidaer Lokalredaktion verfasste, erstellte die Hochschule ein digitales Zusatzangebot. Nach Veröffentlichung wurde erfasst, wie oft es im Internet aufgerufen wurde. Zudem wurde analysiert, wie oft der Artikel angeklickt wurde.

Alle erschienenen Artikel der Kooperation können Sie im Internet lesen. » www.freiepresse.de/energie

Die Projektbetreuerin

Redakteurin Franziska Pester aus der Mittweidaer Lokalredaktion der „Freien Presse" hat die Kooperation mit der Hochschule Mittweida betreut. Die 27-Jährige arbeitet seit Herbst 2014 in Mittweida. Zuvor hatte sie von 2013 bis 2014 bei der „Freien Presse" volontiert.

franziska.pester@freiepresse.de

A 8: Artikel in der Freien Presse zur Übergabe der Kooperationsdokumentation, Veröffentlichung 28. September 2016 S.10 in Freie Presse Mittweida

Energie aus der Zschopau

Wie im Wasserkraftwerk Ringethal Elektrizität entsteht, erfahren Besucher am Samstag beim Tag der erneuerbaren Energien. Die moderne technische Anlage kann mit einem Handy auch aus der Ferne gesteuert werden.

VON FRANZISKA PESTER

RINGETHAL/OEDERAN – Strom aus Wasserkraft – in Ringethal erzeugt ein kleines Wasserkraftwerk Strom für bis zu 500 Haushalte. Theoretisch könnte die Kraft des Wassers der Zschopau den kompletten Mittweidaer Ortsteil mit Strom versorgen. Die private Anlage ist seit 2009 in Betrieb und läuft an sieben Tagen in der Woche rund um die Uhr vollautomatisch. Am Samstag gewährt Maschinist Harald Dietze zum Tag der erneuerbaren Energien erstmals Einblick in das Kraftwerk.

„Die Anlage braucht von der Sache her keine Hilfe. Nur die Elektronik braucht Unterstützung, muss manchmal, im Winter oder bei Hochwasser, manuell anders eingestellt werden", erklärt Dietze. Die Steuerung funktioniert über einen Computer direkt im Wasserkraftwerk. „Die moderne Anlage kann ich aber auch von zu Hause aus, mit dem Handy einstellen", so Dietze. Er betreut das Wasserkraftwerk seit rund sechs Jahren im Auftrag des Besitzers, der im Schwarzwald lebt.

Das Wasser der Zschopau wird kurz vor dem Wasserkraftwerk durch eine Barriere teilweise umgeleitet und fließt in einen Graben. Von dort läuft es weiter in das Kraftwerk und treibt eine Turbine an. Die setzt wiederum eine Turbinenwelle und einen Flachriemen in Bewegung. Über zwei Generatoren wird diese mechanische Energie in elektrische umgewandelt. Rund 1,5 Millionen Kilowattstunden Strom werden so im Jahr erzeugt. Der Strom wird über eine Trafostation ins normale Verbundnetz eingespeist.

„Anlagen, wie die in Ringethal, tragen im Kleinen zur kohlendioxidfreien Energiegewinnung bei und arbeiten mit der Natur", sagt Dietze. Das Wasser wird, nachdem es die Turbine angetrieben hat, aus dem Kraftwerk herausgeleitet und nach wenigen Metern fließt die Zschopau wieder in ihrem ursprünglichen Verlauf. „Für Fische, die im Fluss leben, stellt das Wasserkraftwerk keine Gefahr dar, da kein Strudel entsteht. Die Fischtreppe neben der Anlage ermöglicht es den Fischen, wieder stromaufwärts zu schwimmen", so der Maschinist.

Beim Tag der erneuerbaren Energien am Samstag wird Harald Dietze Besuchern die Funktionsweise des Wasserkraftwerks erläutern. „In Ringethal wird die Wasserkraft schon seit hunderten Jahren genutzt. Früher stand hier eine Mühle, die damit angetrieben wurde."

TAG DER ERNEUERBAREN ENERGIEN Am Samstag kann das Wasserkraftwerk Ringethal **von 13 bis 16 Uhr** besichtigt werden, von 10 bis 16 Uhr finden zudem im Windpark Erlau und von 10 bis 14 Uhr im Windpark Rossau Aktionen zur Windenergie statt.

Die Zschopau wird in Ringethal beim Wasserkraftwerk teilweise umgeleitet, damit das Wasser ins Kraftwerk fließt. Daneben gewährleistet eine Fischtreppe, dass Fische wieder in den Oberlauf kommen.
FOTOS: FALK BERNHARDT

Elektro-Auto Probe fahren

Seit 21 Jahren organisiert Oederan den Tag der Erneuerbaren Energien. In diesem Jahr gibt es einige Neuheiten, auf die sich die Besucher am Samstag freuen können.

Vier Elektro-Fahrzeuge sind in Oederan zu sehen, darunter ein Modell des amerikanischen Herstellers Tesla. Zwei Autos können Probe gefahren werden.

Die Nahwärmeinsel in der Schulgasse 4 dürfte den meisten Oederanern mittlerweile bekannt sein. Die künftige Energiezentrale soll Strom und Wärme für den Rathauskomplex liefern, weitere Privathäuser können an die Wärmeversorgung angeschlossen werden. Am Samstag von 11 bis 15 Uhr können Besucher an einer Führung teilnehmen und sich vom aktuellen Stand der Bauarbeiten überzeugen.

Erstmals wird die Firma Emele Kamin im Gewerbegebiet Am Galgenberg in Oederan ihre Türen für Energietag-Besucher öffnen. Emele baut unter anderem Specksteinöfen, die für eine besonders lang anhaltende Wärmespeicherung bekannt sind. Ebenfalls zum ersten Mal steht die Wasserkraftanlage Hohenfichte interessierten Besuchern offen. (cor)

» www.energietag.de

Blick in den Maschinenraum im Wasserkraftwerk Ringethal.

360°-FOTOS Eine 360°-Aufnahme des Wasserkraftwerks in Ringethal sowie weitere Aufnahmen von anderen Orten in Mittweida, die die Medienstudenten der Hochschule erstellt haben, können Sie anschauen, wenn Sie den QR-Code mit ihrem Handy scannen. Damit Sie die Fotos sehen können, muss auf Ihrem Handy die Google Street View-App installiert sein. Alternativ können Sie auch folgende Internetseite über Ihren Computer aufrufen:
www.freiepresse.de/rundblick

Studenten erforschen, wie Zeitungsleser und Internetnutzer sich über Mittweida informieren

An der Mittweidaer Hochschule analysiert eine Forschungsgruppe das Mediennutzungsverhalten der Mittweidaer. Ziel des Projekts ist es, Wege zu finden, die die Mittweidaer motivieren, sich mit den Themen ihrer Stadt auseinanderzusetzen.

Dazu werden über unterschiedliche Medienkanäle (Zeitung, Radio, Internet-Netzwerke wie Facebook) Inhalte zum Thema „Energie und Umwelt" verbreitet.

Bis März 2017 sollen so Strategien erarbeitet werden, die es einer Kommunalverwaltung ermöglichen, auf zeitgemäße Art und Weise und mithilfe verschiedener Medien mit den Bürgern ins Gespräch zu kommen.

Die „Freie Presse" unterstützt das Forschungsprojekt der Mittweidaer Hochschule. Mehrmals im Monat werden Artikel erscheinen, die sich dem Themenkomplex „Energie und Umwelt" zuordnen lassen. Zu jedem Artikel, den die Redakteure der Mittweidaer Lokalredaktion verfassen, erstellen Studenten ein digitales Zusatzangebot. Das Spektrum reicht von 360-Grad-Fotos über Filme bis hin zu Drohnenvideos.

Neues Projekt: Die Studenten der Hochschule erfassen, wie oft das digitale Zusatzangebot über den QR-Code oder die angegebene Internetadresse aufgerufen wird. Außerdem analysieren sie, wie oft der „Freie Presse"-Artikel im Internet angeklickt wird.

A 9: Erster kooperativer Artikel (Energie aus der Zschopau) Veröffentlichung 28. April 2016 S.9 in Freie Presse Mittweida

Energie: Stadt setzt auf Sonne und Wasser

Klimaschutz: Mittweida steckt sich hohe Ziele – An der Fichte-Oberschule soll eine kleine Photovoltaikanlage künftig Öko-Strom erzeugen

MITTWEIDA – Ampeln, Autoverkehr, die Heizung in der eigenen Wohnung und die Leinwand im Kino – ohne Energie für Strom und Wärme würde es all das nicht geben. Doch die Gewinnung der Energie geht oft zulasten der Umwelt. Viel Kohlenstoffdioxid (CO_2) aus Autoabgasen, Schornsteinen und Industrie-Essen wird in die Atmosphäre gepustet – auch in Mittweida. Um den Ausstoß zu verringern und den Energieverbrauch zu drosseln, hat Mittweida sich ein Klimaschutz-Konzept verordnet. Den größten Stromfressern soll es nun an den Kragen gehen. Eine Idee: Straßenlaternen dimmen.

VON FRANZISKA PESTER

Wie viel Energie wird in Mittweida verbraucht und wie hoch ist der Ausstoß des klimaschädlichen Treibhausgases CO_2?

In Mittweida werden pro Jahr rund 335.000 Megawattstunden Energie verbraucht. Eine Megawattstunde entspricht 1000 Kilowattstunden. Mit einer Kilowattstunde Strom kann man laut dem Internet-Verbraucherportal Verivox eine 60-Watt-Glühlampe 17 Stunden lang brennen lassen oder 70 Tassen Kaffee kochen. Der CO_2-Ausstoß liegt in Mittweida jährlich bei rund 93.600 Tonnen. Berechnungen ergaben, dass jeder Mittweidaer im Jahr 2012 6,2 Tonnen CO_2 verursacht hat. Vergleich: Deutschlandweit erzeugt jeder im Jahr 11,6 Tonnen.

Wie soll Energie eingespart und die Umweltbelastung verringert werden?

Die Stadt sucht nach Einsparpotenzialen. Beispiele: Laut Stadtsprecherin Sophie Sahm will Mittweida am Projekt „Dimm mich" teilnehmen, um bei Straßenlaternen Strom zu sparen. Zudem werde untersucht, ob es möglich ist, im Areal nahe der Rathäuser ein kleines lokales Fernwärmenetz mit Blockheizkraftwerk aufzubauen. Ziel ist es, den CO_2-Ausstoß pro Kopf bis 2025 jährlich um 10 Prozent zu reduzieren.

Nutzt Mittweida schon erneuerbare Energiequellen?

Ja. Auf dem Dach des Mittweidaer Gymnasiums wurde eine Photovoltaik-Anlage installiert, mit der Strom erzeugt wird. Auch im Hof der Fichte-Oberschule will die Stadt eine Anlage aufbauen, nachdem der Umbau des Schulhofs abgeschlossen ist. Für die Anlage will die Stadt 6000 Euro ausgeben. Windenergie spielt laut Konzept nur eine geringe Rolle: „Es befindet sich ein Windpark auf dem Gemeindegebiet." Zudem wird durch mehrere Wasserkraftwerke an der Zschopau Strom erzeugt. Der Bau weiterer Kraftwerke würde die Leistungen der bestehenden verringern. Ziel bis 2025 ist es, 30 Prozent des in der Stadt benötigten Stroms aus erneuerbaren Energiequellen zu gewinnen und 20 Prozent der benötigten Wärme.

Wie viel Energie verbrauchen öffentliche Gebäude und Anlagen in der Stadt jährlich?

Der Energieverbrauch der öffentlichen Gebäude ist unterschiedlich. Er richtet sich nach der jeweiligen Nutzung und nach dem Sanierungsstand. Insgesamt gab die Stadt laut Sprecherin Sophie Sahm in den vergangenen zwei Jahren durchschnittlich je 310.000 Euro nur für Strom aus. Die Straßenbeleuchtung verbraucht derzeit den meisten Strom (siehe Grafik). Bei der Heizenergie wurden im Klimaschutzkonzept die Werte für 2011 bis 2013 analysiert. Demnach werden jährlich rund 3,4 Millionen Kilowattstunden Energie zum Heizen verbraucht sowie zwischen 70 und 80 Liter Heizöl.

DROHNEN-VIDEO Die Studenten der Mittweidaer Hochschule haben mit Hilfe einer Drohne ein Video gedreht. Es zeigt öffentliche Einrichtungen in der Stadt und den jeweiligen Stromverbrauch. Sie können das Video anschauen, wenn Sie den QR-Code scannen. Alternativ können Sie auch folgende Internetseite über Ihren PC aufrufen:

» www.freiepresse.de/drohnenvideo

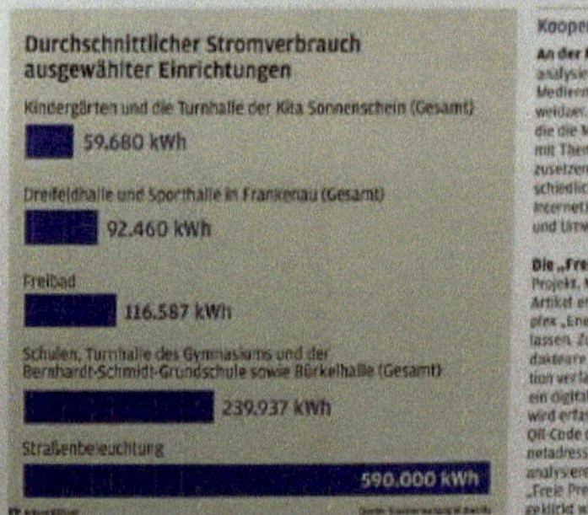

Durchschnittlicher Stromverbrauch ausgewählter Einrichtungen

Kindergärten und die Turnhalle der Kita Sonnenschein (Gesamt)
59.680 kWh

Dreifeldhalle und Sporthalle in Frankenau (Gesamt)
92.460 kWh

Freibad
116.587 kWh

Schulen, Turnhalle des Gymnasiums und der Bernhardt-Schmidt-Grundschule sowie Bürkelhalle (Gesamt)
239.937 kWh

Straßenbeleuchtung
590.000 kWh

Kooperation mit Hochschule

An der Mittweidaer Hochschule analysiert eine Forschungsgruppe das Mediennutzungsverhalten der Mittweidaer. Ziel ist es, Wege zu finden, die die Mittweidaer motivieren, sich mit Themen ihrer Stadt auseinanderzusetzen. Dazu werden auf unterschiedlichen Wegen (Zeitung, Radio, Internet) Inhalte zum Thema „Energie und Umwelt" verbreitet.

Die „Freie Presse" unterstützt das Projekt. Mehrmals im Monat werden Artikel erscheinen, die sich dem Komplex „Energie und Umwelt" zuordnen lassen. Zu jedem Artikel, den die Redakteure der Mittweidaer Lokalredaktion verfassen, erstellen Studenten ein digitales Zusatzangebot. Dann wird erfasst, wie oft dieses über den QR-Code oder die angegebene Internetadresse aufgerufen wird. Zudem analysieren die Studenten, wie oft der „Freie Presse"-Artikel im Internet angeklickt wird.

A 10: *Zweiter kooperativer Artikel (Energie: Stadt setzt auf Sonne und Wasser) Veröffentlichung zu Pfingsten 2016 S.9 in Freie Presse Mittweida*

Heimisches Obst und Gemüse für die Mittweidaer Tafel

In der größten Kleingartenanlage der Stadt bewirtschaftet die Tafel acht Parzellen. Bedürftige bekommen ab Sommer erntefrische Lebensmittel. Im Verein kämpft man gegen Leerstand von Gärten.

VON FRANZISKA PESTER

MITTWEIDA – Radieschen, Möhren, Kartoffeln und Erdbeeren – wo bis vor wenigen Monaten noch Gras wucherte, reift jetzt frisches Obst und Gemüse. Der Mittweidaer Gartenverein „Am Kuckucksberg" hat acht Parzellen an die Mittweidaer Tafel zur Bewirtschaftung übergeben. Alles was angebaut wird, soll in wenigen Wochen frisch geerntet und in den Ausgabestellen der Tafel in Mittweida, Hainichen und Penig verteilt werden.

> „Die Leute freuen sich immer über Obst und Gemüse."
>
> **Marion Sommerfeldt** Tafel-Chefin

Zwei Frauen und sechs Männer arbeiten von Montag bis Freitag jeweils fünf Stunden in den Gärten, die der Kleingartenverein der Tafel zur Verfügung stellt. Möglich ist das laut Tafel-Chefin Marion Sommerfeldt nur durch eine Beschäftigungsmaßnahme des Jobcenters. „Vor sechs oder sieben Jahren hatten wir schon einmal Tafelgärten in Mittweida und auch in Penig. Dann gab es die Maßnahme des Jobcenters für uns nicht mehr", berichtet Sommerfeldt. Seit Februar vergangenen Jahres würde das Amt nun wieder Geld bereitstellen, um Arbeitslose in den Gärten beschäftigen zu können.

Nachdem die Parzellen aufgeräumt und die Beete in Ordnung gebracht worden waren, säten die acht Beschäftigten verschiedene Gemüsesamen aus, steckten Zwiebeln und Kartoffeln in die Erde. Jetzt geht es fast täglich ans Unkrautjäten, und die Pflanzen müssen regelmäßig gegossen werden. Die Erdbeerpflanzen tragen schon viele Blüten und auch die Radieschen sind gut aufgegangen. „Das wird die erste Ernte. Dann säen wir neu aus, um Nachschub zu haben", so die Tafel-Chefin.

Jede Woche würden sich rund 1300 Bedürftige an den Ausgabestellen der Mittweidaer Tafel Lebensmittel abholen. „Die Leute freuen sich über Obst und Gemüse. Durch die Gärten können wir es nun erntefrisch anbieten", sagt Sommerfeldt.

Im Vorstand des Kleingartenvereins ist man froh, dass die acht Parzellen jetzt wieder genutzt werden. Bevor die Tafel sie bewirtschaftet hat, standen die Gärten leer. Die Anlage „Am Kuckucksberg" ist mit es Hektar die größte Kleingartenanlage in Mittweida. Es gibt 202 einzelne Gärten. „Davon sind aktuell nur 167 belegt", sagt der stellvertretende Vereinsvorsitzende Mario Große. Der Verein kämpfe mit Mitgliederschwund. Immer mehr ältere Gärtner würden ihre Parzellen aufgeben. „Und junge Familie kommen kaum neu hinzu", so Große. Daher plant der Verein, einige Lauben abzureißen und die Gärten zu räumen.

Marion Sommerfeldt, Leiterin der Mittweidaer Tafel, lockert die Erde zwischen den Erdbeerpflanzen im Mittweidaer Tafelgarten. Sie hofft auf reiche Ernte, denn die Früchte seien bei den Kunden der Tafel in Mittweida, Hainichen und Penig sehr beliebt.
FOTO FALK BERNHARDT

Wem gehört Saatgut?

Saatgut steht heute Abend im Mittelpunkt der öffentlichen Ringvorlesung der Mittweidaer Hochschule. Der Vortrag „Saatgut – Gemeingut oder Kommerz? Die Utopie des Bio-Landbaues!" thematisiert, dass Saatgut ein Spekulationsobjekt an der Börse ist und sich mehrheitlich im Besitz von Großkonzernen befindet. Aber es gibt auch Bewegungen, die sich dafür einsetzen, dass Sämereien ein Allgemeingut werden.

Dieser Artikel ist Teil eines gemeinsamen Projektes der „Freien Presse" mit der Mittweidaer Hochschule. Die Medienforscher erfassen, wie oft der Artikel im Internet gelesen wurde und wie oft der QR-Code gescannt wurde.

DIE LIVEÜBERTRAGUNG des Vortrages können Sie ansehen, wenn Sie den QR-Code scannen oder diesen Link aufrufen: **www.freiepresse.de/saatgut**

Gurke, Tomate, Radieschen und Co. – Gemüse-Experte gibt Tipps für Hobbygärtner

Für den Gärtner ist es die größte Freude, wenn das selbst angebaute Gemüse im Garten wächst und gedeiht. Wachsen die Pflanzen nicht kräftig und straff oder gehen gar ein, ist die Enttäuschung groß. Fritz-Gerald Schröder, Professor für Gemüsebau an der Hochschule für Technik und Wirtschaft in Dresden, gibt Tipps, wie der Anbau von eigenem Gemüse gelingt.

Freie Presse: Wie verhindert man, dass Tomaten im Garten Braunfäule bekommen und sind befallene Pflanzen noch zu retten?
Prof. Fritz-Gerald Schröder: Gegen die Krautfäule kann man Tomaten schützen, indem man sie vor Spritzwasser schützt. Man baut einen Regenschutz darüber – am besten aus Folie, sodass noch Licht zu den Pflanzen kommt. Man sollte die Pflanzen auch nur unten an der Wurzel gießen, nicht über den Blättern oder die gesamte Pflanze.

Woran könnte es liegen, dass Freilandgurken zwar Blüten bekommen, die kleine Gurke dann aber an der Pflanze verdorrt und abfällt?
Das sind in der Regel schlechte Wachstumsbedingungen, zu kalt und zu nass, oder zu trocken und geringe Luftfeuchte, dann stößt die Pflanze die Früchte ab.

Wie kann man seine Pflanzen auf natürliche Weise vor Schnecken schützen?
Eigentlich nicht, denn Schnecken finden die Salate. Man kann Laufenten züchten, diese fressen die Schnecken. Ansonsten hilft das Schneckenkorn.

Wie verhindert man auf natürliche Weise, dass Wühlmäuse Kartoffeln, Rote Beete und anderes Wurzelgemüse abfressen?
Durch intensive Bodenbearbeitung, so fühlen sich die Wühlmäuse gestört. Oder durch akustische oder Vibrationsgeräte kann man sie auch vertreiben. Die Geräte werden im Fachhandel angeboten. Man kann auch die Pflanzen in ein Drahtgitter pflanzen, sodass die Tiere nicht rankommen.

Der Salat im Garten ist voller Blattläuse – was tun?
Blattläuse kann man im Garten und vor Verzehr mit einem Wasserstrahl gut abwaschen. Man kann auch Nützlinge einsetzen, zum Beispiel den Marienkäfer.

Radieschen und Möhren bleiben nach der Aussaat klein und schmal, das Kraut schießt aber in die Höhe. Was hat der Gärtner falsch gemacht?
Wenn die Pflanzen „schießen" ist es meist zu warm, dann geht die Pflanze sofort zum generativen Wachstum über und blüht. Am besten früher aussäen und einen schattigen Platz für das Wachstum aussuchen.

A 11: *Dritter kooperativer Artikel (Heimisches Obst und Gemüse für die Mittweidaer Tafel) Veröffentlichung 25. Mai 2016 S.10 in Freie Presse Mittweida*

Mit 432 PS durch Mittweida

Zur Nacht der Wissenschaften an der Hochschule Mittweida kurvte ein modernes Elektro-Auto vom Typ Tesla durch die Stadt. Die „Freie Presse" ist mitgefahren.

VON FRANZISKA PESTER

A 12: *Vierter kooperativer Artikel (Mit 432 PS durch Mittweida) Veröffentlichung 6. Juni 2016 S.9 in Freie Presse Mittweida*

Goethehain fristet Schattendasein

Die Parkanlage an der Hainichener Straße in Mittweida ist zum Teil verwildert, der Teich verschlammt und voller Algen. Wann sich an diesem Zustand etwas ändert, ist noch völlig offen.

VON FRANZISKA PESTER

MITTWEIDA – Jeden Tag geht Kurt Droll mit seinem Hund im Mittweidaer Goethehain spazieren. Und jeden Tag ärgert er sich dabei. Denn die Parkanlage an der Hainichener Straße gleicht eher einem Wald statt einem Park. Kümmert sich die Stadt überhaupt noch um den Goethehain?, fragt sich der Mittweidaer.

„Diese Begebenheiten sind wohl aus dem Sichtfeld der Stadtväter geraten. Der Park schlummert dahin, ist nahezu verwildert, unansehnlich und fast ohne Pflege", beschreibt Kurt Droll seine Eindrücke. „Viele Bäume sind umgefallen und vermodern. Außerdem liegen gefällte Bäume wochenlang am Wegesrand, ohne dass sie jemand wegräumt", so der Mittweidaer. Immerhin seien kürzlich Wege und Treppen gekehrt worden. Die Teiche in der Parkanlage seien dagegen ebenfalls vermodert und versumpft und würden förmlich stinken.

Kurt Droll erinnert sich, dass es in dem Park früher einen Spielplatz gab. „Aber die Spielgeräte sind morsch geworden und wurden deshalb abgebaut. Jetzt gibt es im Park keinen Spielplatz mehr", so Droll.

Dass am Goethehain dringend etwas getan werden muss, wissen die Verantwortlichen im Rathaus. Bauamts-Chef Sebastian Killisch beschreibt den Zustand der unter Denkmalschutz stehenden Anlage als sanierungsbedürftig. Bei einer Umgestaltung müsste vor allem die Struktur des Parks wiederhergestellt werden. Dazu sei es notwendig, Sichtachsen neu anzulegen und freizuschneiden. Darüber hinaus müssten Wege und Zugänge erneuert und die Anlage barrierefrei gestaltet werden, damit sich auch Rollstuhlfahrer problemlos in dem Areal bewegen können.

Wann die Umgestaltung erfolgt, steht laut dem Bauamts-Chef aber noch nicht fest. Derzeit suche man nach einem geeigneten Planungsbüro, das Vorschläge für die Gestaltung der Parkanlage erarbeitet. Um das finanzieren zu können, haben die Stadträte bei der Diskussion um den diesjährigen Haushaltsplan bereits entschieden, 20.000 Euro bereitzustellen. Wie hoch die Kosten für die Sanierung des Goethehains sein werden, ist Bauamts-Chef Killisch zufolge noch nicht absehbar. Man kalkuliere mit 500.000 Euro. Diese Summe sei jedoch vage. Um das Projekt stemmen zu können, hofft die Stadt, Fördergeld aus einem Fonds der EU zu bekommen.

Kooperation mit Hochschule

An der Mittweidaer Hochschule analysiert eine Forschungsgruppe derzeit das Mediennutzungsverhalten der Mittweidaer. Ziel ist es, Wege zu finden, die die Mittweidaer motivieren, sich mit Themen ihrer Stadt auseinanderzusetzen. Dazu werden in unterschiedlichen Medien (in der Zeitung, im Radio und im Internet) regelmäßig Inhalte zum Thema „Energie und Umwelt" verbreitet.

Die „Freie Presse" unterstützt das Forschungsprojekt. Mehrmals im Monat erscheinen Artikel, die sich dem Komplex „Energie und Umwelt" zuordnen lassen. Zu jedem Artikel, den die Redakteure der Mittweidaer Lokalredaktion verfassen, erstellen Studenten ein digitales Zusatzangebot. Nach der Veröffentlichung wird erfasst, wie oft dieses über den QR-Code oder die angegebene Internetadresse aufgerufen wird. Zudem analysieren die Studenten, wie oft der „Freie Presse"-Artikel im Internet angeklickt wird.

ALLE BISHER ERSCHIENENEN ARTIKEL der Kooperation können Sie im Internet lesen. » www.freiepresse.de/energie

EIN 360-GRAD-VIDEO, das zeigt, wie die „Freie Presse" und das Crossmedia-Team der Hochschule sich im Vorfeld dieses Artikels einen Eindruck vom Goethehain verschaffen, können Sie im Internet anschauen. » www.freiepresse.de/goethehain

Das Video, das die Hochschule Mittweida erstellt hat, können Sie auch anschauen, wenn Sie den QR-Code mit Ihrem Smartphone einscannen.

A 13: *Fünfter kooperativer Artikel (Goethehain fristet Schattendasein) Veröffentlichung 20. Juni 2016 S.9 in Freie Presse Mittweida*

„Der ÖPNV könnte bei der Elektromobilität Vorreiter sein"

Regiobus Mittelsachsen will Anfang 2017 ein Elektrofahrzeug leasen – Stadtverkehrsnetze werden überarbeitet

MITTWEIDA – Die Busse von Regiobus fahren im Jahr rund 11,5 Millionen Kilometer durch Mittelsachsen. Damit der Schadstoffausstoß möglichst gering ist, investiert das Nahverkehrsunternehmen in moderne Fahrzeuge. Auch Elektromobilität spielt dabei eine Rolle. Franziska Pester hat mit Regiobus-Chef Michael Tanne über die Flotte, Probleme mit Fahrgastzahlen und den Umbau des Mittweidaer Bahnhofsvorplatzes gesprochen.

Freie Presse: Herr Tanne, wir haben uns für dieses Interview in einem neuen Kleinbus getroffen, den Regiobus angeschafft hat. Warum kaufen Sie diese Busse?
Michael Tanne: Kleinbusse wie dieser verbrauchen wenig Diesel und sind im Betrieb generell günstig. Wir gehen sehr differenziert auf das Fahrgastaufkommen ein und setzen diese Kleinbusse vor allem im Stadtverkehr, etwa in Mittweida und Burgstädt ein. Nur in Freiberg nehmen wir im Stadtverkehr große Busse, weil dort die Anzahl der Fahrgäste größer ist. Außerdem fahren die kleinen Busse teilweise auf Strecken im Umland, die kleine Dörfer mit den Städten verbinden.

Zum Thema Umweltschutz: Welche Maßnahmen ergreift Regiobus, um den Schadstoffausstoß der Fahrzeuge zu senken?
Alle Busse fahren mit Diesel, wir verbrauchen im Jahr etwa 3,5 Millionen Liter. Der Großteil unserer Fahrzeuge entspricht den neuesten Umweltstandards, weil wir Investitionen dahingehend ausgerichtet haben. Wir erneuern die Flotte, damit der Kraftstoffverbrauch sinkt und damit das, was aus dem Auspuff kommt, sauberer ist. Wir haben zudem zehn Hybridfahrzeuge angeschafft. Sie verfügen über eine Batterie, die beim Bremsen aufgeladen wird. Die Energie wird dann wieder für den Antrieb genutzt. Im Freiberger Stadtverkehr fahren sieben dieser Fahrzeuge. Drei sind auf der Strecke Mittweida-Burgstädt-Limbach-Oberfrohna im Einsatz.

Es gibt Autos und auch Busse, die nur mit Strom fahren. Wird Regiobus in Zukunft auch auf solche Fahrzeuge setzen?
Möglicherweise leasen wir ein Elektrofahrzeug im ersten Quartal 2017. Es würde in Mittweida eingesetzt werden. Wir planen, Bereiche abzudecken, die derzeit noch nicht angefahren werden. Einen Elektrobus kaufen werden wir vorerst nicht. Allerdings nutzen wir schon zwei Elektrofahrzeuge für Fahrerwechsel außerhalb der Standorte.

Warum wollen Sie nicht kaufen?
Es gibt im privaten Bereich Förderprogramme, die die Nutzung von Elektrofahrzeugen vorantreiben sollen. Ähnliche Programme für den Öffentlichen Personennahverkehr wurden zurückgezogen. Das bedaure ich, denn der ÖPNV könnte bei der Elektromobilität Vorreiter sein.

Stehen im Landkreis Linien auf dem Prüfstand, weil das Fahrgastaufkommen zu gering ist?
Wir bemühen uns gemeinsam mit dem Landkreis, keine Strecken aufgeben zu müssen. Es gibt aber durchaus Strecken, die wir uns genauer anschauen und nach Lösungen suchen. Das können Kleinbusse sein oder die Etablierung eines Anruf-Linienbusses, der nur kommt, wenn vorher angerufen wird.

Können Leerfahrten der Busse so gänzlich vermieden werden?
Leider gibt es Leerfahrten wegen der Verkehrsspitzen, um den Schüler- und Berufsverkehr abzudecken. Wir müssen deshalb das Modell der geteilten Dienste anwenden. Das bedeutet, dass unserer Fahrer früh kommen und dann einige Stunden fahren. Von 9 bis 12.30 Uhr stehen viele Busse dann auf einem unserer fünf Betriebshöfe im Landkreis und die Fahrer gehen erstmal nach Hause. Nachmittags kommen sie dann wieder und fahren noch einmal bis abends.

Soll es im Stadtverkehr Veränderungen geben?
Wir überarbeiten die Stadtverkehrsnetze in Freiberg, Döbeln und Mittweida gerade. In Mittweida arbeiten wir zum Teil mit der Hochschule zusammen. Bei einem Projekt namens Flowbile wird unter anderem untersucht, wie die Leute sich in der Stadt fortbewegen. Das ist für uns hilfreich. Bei der Umsetzung sind wir aber etwas gehemmt.

Inwiefern?
Einerseits gibt es Probleme beim Chemnitzer Modell. Die Bahnen können noch nicht zur Zentralhaltestelle fahren und zwischen Hainichen sowie Burgstädt und Chemnitz ist das Chemnitzer Modell noch nicht vollständig gestartet. Zudem verzögert sich der Umbau des Mittweidaer Bahnhofsvorplatzes. Dort sollen unter anderem eine neue Wendeschleife und zwei behindertengerechte, überdachte Haltestellen gebaut werden. Es ist schade, dass sich das zeitlich verschiebt.

Warum?
Es wäre schön gewesen, wenn man mit neuen Fahrzeugen, Anschlusskonzepten und Fahrzeiten auf einen Schwung hätte starten können.

INTERVIEW Ein Video mit Szenen aus dem Interview können Sie im Internet anschauen.
» www.freiepresse.de/busfahrt

„Freie Presse"-Redakteurin Franziska Pester (r.) und das Crossmedia-Team der Mittweidaer Hochschule, darunter Natalie Kunze (l.), haben sich mit Regiobus-Chef Michael Tanne (M.) in einem Kleinbus getroffen. FOTO: FALK BERNHARDT

Das Video von dem Interview können Sie auch aufrufen, wenn Sie den QR-Code mit Ihrem Handy scannen. 

Kooperation mit Mittweidaer Hochschule

An der Mittweidaer Hochschule analysiert eine Forschungsgruppe derzeit das Mediennutzungsverhalten der Mittweidaer. Ziel ist es, Wege zu finden, die die Mittweidaer motivieren, sich mit Themen ihrer Stadt auseinanderzusetzen. Dazu werden in Zeitung, Radio und Internet Inhalte zum Thema „Energie und Umwelt" verbreitet.

Die „Freie Presse" unterstützt das Projekt. Mehrmals im Monat erscheinen Artikel, die sich dem Komplex „Energie und Umwelt" zuordnen lassen. Zu jedem Artikel, den die Redakteure der Mittweidaer Lokalredaktion verfassen, erstellt die Hochschule ein digitales Zusatzangebot. Nach der Veröffentlichung wird erfasst, wie oft dieses über den QR-Code oder die Internetadresse aufgerufen wird. Zudem wird analysiert, wie oft der Artikel im Internet angeklickt wird.

ALLE BISHER ERSCHIENENEN ARTIKEL der Kooperation können Sie im Internet lesen
» www.freiepresse.de/energie

4121 Kilometer Liniennetz

Insgesamt 420 Beschäftigte arbeiten bei Regiobus Mittelsachsen.

Das Nahverkehrsunternehmen verfügt über 230 Fahrzeuge. Außerdem hat Regiobus 60 weitere Fahrzeuge von Auftragsunternehmen angemietet.

In Mittelsachsen bedient Regiobus 167 Buslinien. Das gesamte Liniennetz ist 4121 Kilometer lang. In einen Bus einsteigen kann man an 2980 Haltestellen.

A 14: Sechster kooperativer Artikel (DER ÖPNV könnte bei der Elektromobilität Vorreiter sein) Veröffentlichung 12. Juli 2016 S.9 in Freie Presse Mittweida

„Sport frei" im Mittweidaer Stadion

Für rund 3,8 Millionen Euro ist die Sportstätte umgebaut worden. Was sich in der Anlage verändert hat, können Besucher am Samstag anschauen. Die Vereine nutzen den Tag der offenen Tür, um ihre Disziplinen zu präsentieren.

VON FRANZISKA PESTER

MITTWEIDA – Nach knapp vier Jahren Bauzeit feiert Mittweida eine Woche lang: Am Samstag wird das umgebaute Stadion an der Leipziger Straße mit einem Tag der offenen Tür eröffnet. Fußballer und Leichtathleten weihen die Sportstätte nächste Woche mit Spielen und Wettkämpfen ein. Die „Freie Presse" fasst das Programm zusammen.

Sportarten kennenlernen: Ab 10.45 Uhr zeigen die Sportvereine am Samstag im Stadion, welche Disziplinen bei ihnen trainiert werden können. Der TSV Fortschritt macht auf der Tartanfläche Leichtathletikangebote für Kinder, darunter Sprint, Hindernislauf, Weitsprung und Medizinballstoßen.

Der SV Germania kickt beim Tag der offenen Tür erstmals auf der neuen Rasenfläche. 13.30 Uhr veranstaltet der Verein ein Traditionsspiel unter dem Motto „Treffen der Generationen". Im Anschluss, 15.30 Uhr, spielt die zweite Mannschaft der SV Germania gegen den SV Barkas Frankenberg. Zudem wird der Verein eine Hüpfburg aufbauen und auf dem Rasen von 11 bis 14 Uhr ein Schnuppertraining für den Nachwuchs anbieten. In der unteren Ebene der Tribüne stellt sich von 10.30 bis 12 Uhr die Abteilung Boxen vor.

Ebenfalls im Tribünengebäude zeigen die kleinen Judokas der HSG Mittweida ihr Können. Im Trainingsraum gibt es von 10.45 bis 11.45 Vorführungen. Den erwachsenen Judokas können Besucher von 14 bis 14.30 Uhr auf der Fläche vor der Tribüne zuschauen. Ganztägig stellen die Basketballer und die Tischtennisspieler ihren Sport vor.

CFC kommt nach Mittweida: Am Dienstag kommt zur Einweihung des Stadions der Chemnitzer FC nach Mittweida, um gegen den SV Germania zu spielen. Anpfiff: 18 Uhr. Tickets (Erwachsene 5, Kinder 3 Euro) gibt es im Bürger- und Gästebüro und im Info-Zentrum T9.

200 Leichtathleten erwartet: Ursprünglich sollte der große Leichtathletikwettkampf in Rochlitz stattfinden. Doch nun ist das Leichtathletikmeeting am 10. September, zu dem 200 Sportler erwartet werden, Teil der Festwoche zur Einweihung des Mittweidaer Stadions. Mit dabei sind Nachwuchskader für die deutschen Meisterschaft und die EM.

Mittweida macht blau: Das neue Stadion am Schwanenteich wird am Samstag eingeweiht. FOTO: FALK BERNHARDT

Knapp vier Jahre Bauzeit

Seit Herbst 2012 wird im Stadion an der Leipziger Straße gebaut. Für rund 3,8 Millionen Euro wurde die Sportstätte in eine B-Anlage umgestaltet, die für Leichtathletik-Landesmeisterschaften geeignet ist.

Der Umbau begann mit Schachtarbeiten. Ein Bach unter dem Tribünengebäude wurde verrohrt. Dann wurde die alte Tribüne weggerissen und ab Juni 2014 ein neues Tribünengebäude mit 210 Sitzplätzen errichtet.

Im Sommer 2015 begannen die Umbauarbeiten im Außenbereich. Der Fußballplatz wurde erneuert, und es wurden sechs 100-Meter-Bahnen angelegt sowie sechs 400-Meter-Bahnen. Das Stadion bekam eine neue Flutlichtanlage, eine große Videoleinwand und neue Lautsprechertechnik.

VIDEO Ein Video, das Luftaufnahmen des neuen Mittweidaer Stadions zeigt, können Sie anschauen, wenn Sie die QR-Code scannen oder folgende Internetseite aufrufen: **www.freiepresse.de/stadion** Das Video hat die Hochschule Mittweida erstellt. Eine Forschungsgruppe analysiert derzeit das Mediennutzungsverhalten der Mittweidaer. Die „Freie Presse" unterstützt das Projekt.

A 15: Siebter kooperativer Artikel („Sport frei" im Mittweidaer Stadion) Veröffentlichung 1.September 2016 S.9 in Freie Presse Mittweida (keine Statistiken Verfügbar da Online nicht in Rubrik MITTWEIDA veröffentlicht)